당신은 귀한 사람

당신은
귀한 사람

인간이
존엄한 나라를
꿈꾸며

최문순 지음

비타베아타

안녕하십니까? 제 책을 읽어주셔서 너무나 감사드립니다. 다소 민망하고 면구스럽기도 합니다. 공연히 귀한 분의 귀한 시간을 빼앗는 것은 아닌지 저어됩니다. 어쨌거나 다시 한 번 감사드리며, 귀한 눈길 주고 계신 만큼 최선을 다해서 제가 드리고 싶은 얘기를 해보겠습니다.

먼저 궁금한 게 있습니다. 이 책을 집어든 당신! 당신은 누구신가요? 당신은 여기서 뭘 하고 계신가요? 당신은 왜 여기서 이 글을 읽고 계신가요? 도대체 당신은 누구신가요?

힘차게 뛰는 심장과 불타는 의지를 가지고 인생의 모험에 나서는 젊은이이신가요? 모진 풍파를 겪은 삶의 전선에서 한발 물러나 인생을 관조하고 계신 중년의 신사이신가요? 직장 생활이 주는 하루하루의 일상에 지쳐 멀리 떠나고 싶은 생활인이신가요? '세상이 도대체 왜 이래?' 하며 혁명을 꿈꾸는 열혈 시민이신가요? 궁금합니다. 당신은 도대체 누구신가요?

제가 지금 드리는 이 질문은 당신도 자신에게 늘 던지던 질문일 것입니다. 제가 잘 압니다. 왜냐하면 저도 그렇게 살았으니까요. 저도 똑같이 당신처럼 근원적인 질문을 달고 살았으니까요. 답을 찾는 노력을 평생에 걸쳐 해왔으니까요.

나는 누구인가? 나는 왜 여기에 와 있나? 나는 어디에서 왔나? 나는 어디로 가나? 나는 또 어떻게 살아야 하나?

당신은 답을 찾으셨습니까? '나는 누구다!' 이렇게 답변하실 수 있으신가요? 저는 답을 찾지 못했습니다. 나는 내가 누구인지 잘 모릅니다. 그러니까 당신이 누구인지도 잘 모릅니다. 그런데 내가 누구인지 공부하다가 다른 답을 찾았습니다. 당신이 누구인지는 잘 모르지만 당신이 어떤 존재인지는 알아냈습니다.

제가 찾은 답은 '당신은 귀한 사람'이라는 것입니다. '당신은 존엄한 존재'라는 것이 제가 찾은 답입니다. 저는 당신이 존엄한 존재라는 것을 너무나 분명하게 알고 있습니다. 그래서 당신의 존엄을 위해 우리가 지금부터 '근본적인 변화'를 시작해야 한다는 것도 알고 있습니다. 그렇습니다. 근본적인 변화를 시작해야 합니다. 당신을 모시고!

그래서 지금부터 그 얘기를 해볼까 합니다. 바로 '당신'의 이야기, 당신에 관한 이야기입니다. 세상에서 가장 흥미진진한 이야기이기도 하고 우주에서 가장 큰 수수께끼이기도 합니다. 바로 '당신의 존엄'에 관한 이야기입니다.

2021년 6월
불량감자 최문순 올림

차례

1부　　　　　　　　　　인간의 존엄

1장 당신은 '고귀한 존재'입니다

1 당신은
'우주적 사건'입니다

안녕하십니까? 존경하는 당신께 편지 한 장 올립니다. 왜 당신께 편지를 썼느냐고요? 제가 당신을 잘 알고 있기 때문입니다. 제가 알고 있는 당신에 대해 당신에게 알려드리고 싶어서 이렇게 불쑥 편지를 쓰게 됐습니다. 당신이 모르는 당신의 비밀에 관한 이야기입니다. 잘 읽어주시면 큰 영광이겠습니다.

먼저 여쭤봅니다. 이 글을 읽고 있는 당신! 당신은 누구십니까? 광활한 우주의 작은 점, 지구의 한 귀퉁이에 서 있는 당신은 누구신가요? 수십 억 인간들 가운데 한 명으로 숨쉬고 있는 당신은 누구십니까?

아침이면 흘러가는 인파에 휩쓸려 직장으로 향하는 당신! 저녁이면 지친 심신으로 소주잔을 기울이는 당신! 아무도 알아주지 않는 곳에서 가족을 위해 일하는 당신!

매일 반복되는 업무의 고단함에 지쳐 그만둘까 생각하는 당신! 때로는 삶의 버거움에 어디론가 떠나버리고 싶은 당신!

힘든 일상에 지쳐 누군가를 끌어안고 펑펑 울고 싶은 당신!
지나가는 누군가를 붙잡고 한바탕 쌓인 이야기를 쏟아놓고
싶은 당신! 상사의 거친 언행에 상처받고 아파하는 당신!
그럼에도 때로는 작은 성공과 희망에 기뻐하는 당신! 아주 가끔
가슴 벅찬 삶의 희열을 느끼는 당신!

그 모든 당신! 그중의 한 명인 당신! 당신은 매일매일
그대로의 당신입니다. 그렇게 작고 그렇게 힘들어하고 그렇게
외롭고 그렇게 아파하고! 그렇습니다. 그 사람이 바로
당신입니다. 다른 사람일 수가 없습니다. 당신은 매일매일
살아가는 그대로의 당신입니다.

잠시 정신을 가다듬어 생각해봅니다. 당신이 본래 그런
존재이셨던가요? 우리가 본래 이렇게 살았던가요? 깊이
생각해봅니다. 곰곰이 반추해봅니다. 내가 본래 누구였지? 내가
어떻게 살았었지? 내가 본래 이런 사람이 아닌데? 내가 왜
이렇게 됐지? 나는 지금 이대로의 나가 아닌데….

그렇습니다. 당신은 지금 그대로의 당신이 아닙니다.
당신은 매일 살아가는 그대로의 당신이 아닙니다. 당신은
당신이 지금 느끼는 그대로의 당신이 아닙니다. 당신은 그런
존재가 아닙니다.

당신은 '우주적 존재'입니다. 당신은 '우주적 사건'입니다.
그렇습니다. 우주가 당신을 만들었습니다. 진정으로
그렇습니다. 당신을 탄생시키기 위해 온 우주가
달려들었습니다. 당신을 피워내기 위해 온 우주가 힘을

모았습니다. 지금 이 순간에도 온 우주가 당신과 함께하고 있습니다. 단 한 순간도 당신과 함께하지 않은 적이 없습니다.

당신의 가슴속에서 심장이 힘차게 뛰고 있습니다. 누가 당신의 심장을 뛰게 하고 있습니까? 당신 자신입니까? 아닙니다. 당신 자신이 당신의 심장을 뛰게 할 수 없습니다. 다른 어떤 사람이 당신의 심장을 뛰게 하고 있습니까? 역시 할 수 없습니다. 그러면 누가 당신의 심장을 뛰게 하고 있습니까? 바로 우주입니다. 그렇습니다. 당신 심장의 박동은 바로 우주의 박동입니다. 우주가 그 심장을 뛰게 하고 있습니다.

잠시 눈을 감아주십시오. 호흡을 지켜봐 주십시오. 들이쉬고…내쉬고…들이쉬고…내쉬고…. 잘 지켜봅니다. 들숨… 날숨…들숨…날숨…. 누가 숨을 쉬고 있습니까? 당신이 숨을 쉽니까? 숨을 쉬는 것이 당신입니까? 아닙니다. 숨은 저절로 쉬어지고 있지요? 저절로! 동의하십니까?

그렇습니다. 틀림없는 사실입니다. 당신 자신이 숨 쉬는 것이 아니지요? 그렇습니다. 우주가 숨을 쉬고 있습니다. 당신의 호흡은 바로 우주의 호흡입니다. 우주가 당신의 폐와 횡경막과 갈비뼈를 움직이고 있습니다.

잠깐 일어서서 걸어봐 주십시오. 천천히! 천천히! 자신의 걸음걸이를 잘 살펴봐 주시기 바랍니다. 앞뒤로 움직이는 당신의 팔과 다리의 진동, 꼿꼿하게 세운 허리, 발밑을 보고 돌 뿌리를 피해 나가는 당신의 시선, 계단을 내려가면서도 넘어지지 않는 균형 감각! 조금만 어긋나도 걸음걸이가 되지 않습니다. 모든 움직임에 조금도 어긋남이 없습니다. 너무나 정확하고 너무나 정교합니다. 한 치의 빈틈도 없습니다. 당신은 그렇게 걸어갑니다.

당신이 그 모든 움직임을 하나하나 결정하고 있습니까? 당신이 순간순간마다 일일이 움직임을 뼈와 근육들에게 지시하고 있습니까? 그렇습니까? … 아닙니다. 당신이 하는 일이 아닙니다. 당신이 할 수 없습니다. 그러면 누가 하고 있습니까? 그렇습니다. 우주의 움직임입니다. 역시 우주가 하는 일입니다. 우주가 당신을 움직이고 있습니다. 대지를 뛰어가는 당신! 그 근육의 힘찬 이완과 수축! 바로 우주의 움직임입니다. 우주가 당신의 근육을 힘차게 움직이고 있는 것입니다.

당신의 육체에 명멸하는 느낌들! 따뜻한 느낌! 시원한 느낌! 달콤한 느낌! 포근한 느낌! 누가 그 느낌들을 만들고 있습니까? 바로 우주의 표현입니다. 우주의 드러남입니다. 당신의 머릿속을 오가는 생각들! 미래를 설계하는 일! 직장에서 해야 할 일들! 당신이 그 생각들을 '하고' 있습니까? 당신 스스로 그 생각들을 떠오르게 하고 있습니까? 아닙니다. 말 그대로 생각이 '나는' 것입니다. 당신이 생각을 '하는' 것이 아닙니다. 어떻게 생각이 납니까? 바로 우주가 생각을 '나게' 하는 것입니다.

당신의 눈을 통해 보이는 아름다운 산과 바다! 바로 우주가 당신에게 보여주고 있는 것입니다. 당신의 귀에 들리는 빗소리! 바로 우주가 당신에게 들려주고 있는 것입니다. 당신이 먹고 있는 맛있는 사과! 그 상큼한 맛! 누가 그 맛을 느낍니까? 누가 씹습니까? 누가 그것을 삼킵니까? 누가 그것을 소화시킵니까? 누가 그것을 힘으로 바꾸나요? 누가 그 에너지로 심장을 뛰게

합니까? 누가 그 힘으로 팔 다리를 움직입니까? 그것들을 누가
합니까? 누가 하고 있습니까? 그 모든 것을 하는 주체가
누구입니까? 당신이 합니까? 아닙니다. 당신이 하는 일이
아닙니다. 당신은 그 일들이 어떻게 이루어지는지 알지
못합니다. 다시 말씀 올립니다. 온 우주가 합심하여 하는
일입니다.

당신의 인생을 거슬러 올라가 봅니다. 당신은 어떻게
태어났습니까? 당신을 누가 만들었습니까? 당신의 몸과 마음!
누가 만들었습니까? 당신께서 스스로 결정해서 태어났습니까?
당신께서 스스로 몸과 마음을 만들어서 이 세상에 나왔습니까?
잠시 생각해보시기 바랍니다. … 그렇습니다. 당신이 한 일이
아닙니다. 당신은 그 일들이 어떻게 이루어지는지 알지
못합니다.

당신은 우주가 만들었습니다. 우주가 당신을 태어나게
했습니다. 당신께서는 우주의 아들이자 딸입니다. 당신은
우주의 몸입니다. 당신은 우주의 마음입니다. 당신은 우주의
심장이고 우주의 허파이며 우주의 눈이고 귀이며 우주의
팔이고 우주의 다리입니다. 우주의 역사를 되돌아봅니다. 온
우주의 역사가 당신과 함께하고 있습니다.

당신을 낳아주신 어머니, 그 어머니를 낳아주신 어머니, 그
어머니의 어머니의 어머니, 또 그 어머니의 어머니의 어머니….
당신을 키워주신 아버지, 또 그 아버지를 키워주신 아버지, 그
아버지의 아버지, 그 아버지의 아버지의 아버지, 그 아버지의

할아버지, 그 할아버지의 할아버지, 또 그 할아버지의
할아버지….

그 할아버지가 마셨던 맑은 샘물, 그 할머니를 살찌운
통통한 감자, 그 감자를 키운 햇볕, 그 감자를 품었던 대지의
영양. 할아버지가 사냥했던 산돼지, 그 산돼지를 키운 울창한
숲, 할아버지를 추위에서 지켜준 산토끼의 가죽, 산토끼를
보호한 토굴의 따뜻한 온도, 작열하는 태양, 당신의 허파가
들이쉬는 청량한 공기, 은은히 빛나는 달, 반짝이는 별들.

이 모든 존재가 온 힘을 다해서 당신을 만들었습니다.
그것들 중 어느 것 하나 당신을 위해 존재하지 않은 것이
없습니다. 그 모든 것이 당신을 위해 온 힘을 모았습니다. 그
모든 것에 단 한 치의 빈틈이라도 있었으면 당신은 태어나지
못했습니다. 단 한 치의 어긋남이라도 있었으면 당신은 이
세상에 없었을 것입니다. 하나의 필연과 또 하나의 필연 그리고
수많은 필연들이 모이고 모여 당신이 태어났습니다. 한 치의
빈틈도 없이! 한 순간의 어긋남도 없이! 온 우주가 당신을
만들기 위해 동원됐습니다.

당신의 몸을 만든 온갖 원자들, 탄소, 칼슘, 철, 마그네슘
모두 다른 별에서 왔습니다. 당신은 별에서 온 그대입니다. 그
별들이 자신들의 원소를 보내 당신을 만들었습니다. 우주에는
7 곱하기 10의 22제곱만큼의 별이 있습니다. 지구의 모든
해변과 강가에 있는 모래알을 모두 합친 것보다 10배나 많은
숫자입니다. 그 별들이 당신을 만들었습니다. 아득히 오래전에
아득히 먼 곳에서 온 원소들의 만남과 결합! 그것들의 빈틈없는

배열과 정교한 질서! 한 치의 빈틈도 없는 움직임들! 그것들이 바로 당신입니다.

시간이 당신을 탄생시켰습니다. 당신은 생각할 수도 없이 장구한 시간의 한 매듭입니다. 우주가 탄생한 이후의 그 길고 긴 시간이 당신을 만드는 데 쓰였습니다. 우주의 전 생애가 당신을 위해 존재한 것입니다. 138억 년의 세월이! 그 상상할 수 없을 만큼 길고 긴 시간이!

공간이 당신을 탄생시켰습니다. 당신은 광대한 공간의 한 초점입니다. 우주가 탄생한 이래 그 광활한 공간이 당신을 위해 존재했습니다. 우주의 전 공간이 당신을 위해 존재한 것입니다. 400억 광년의 공간이! 그 상상할 수 없이 넓은 공간이 당신을 만들기 위해 존재했습니다.

우주의 시공간 안에 존재하는 모든 존재들이 당신을 탄생시켰습니다. 우주가 진화하는 과정의 그 모든 것이 당신을 위해 존재했습니다. 수많은 별들과 태양, 은하수와 목성과 수성이 당신을 만들었습니다. 태양에서 만들어지는 열과 빛이 당신을 만들었습니다. 달의 인력이 당신을 탄생시켰습니다. 쥐라기와 백악기가! 티라노사우루스와 삼엽충이! 네안데르탈인과 직립원인이! 석탄과 석유와 소금과 산소가 당신을 탄생시켰습니다.

그 상상할 수 없이 장구한 시간과 그 상상할 수 없이 광활한 공간, 그 상상할 수 없이 많은 존재들이 당신을 만들었습니다. 당신은 그런 존재입니다. 그렇게 만들어진 존재입니다. 그렇게

어렵게 또 힘들게 만들어진 존재입니다. 기적처럼! 당신은
우주적 존재입니다. 진정으로 그렇습니다. 당신은 우주의
드러남입니다. 우주의 표현입니다.

함께 눈을 감아봅니다. 스스로를 느껴봅니다. 자신을
느껴보시기 바랍니다. 깊이! 더 깊이! 저 깊은 곳까지! 저 가슴속
깊은 심연까지! 당신 '자신'을 느껴보십시오. 다른 누구도 아닌
'자신'을 느껴보십시오. 넓게! 더 넓게! 이 지구 전체까지! 저
우주의 심연까지! 느껴지십니까? 당신의 의식이 가닿는 그 모든
것이 당신을 만들었습니다.

은하수의 수많은 별자리, 아무도 빠져나오지 못한다는
블랙홀, 불타는 태양과 목성, 수성, 달의 인력. 남태평양의
아름다운 산호초, 눈에 보이지 않는 박테리아, 이 모든 것이
당신과 함께하고 있습니다.

당신은 우주의 창조입니다. 당신은 신비입니다. 당신은
기적입니다. 당신은 위대함입니다. 당신은 그런 존재입니다.
그렇게 크고! 그렇게 깊고! 그렇게 장쾌하고! 그렇게 힘차고!
그렇게 정교하고!

당신은 누구십니까? 이제까지의 당신은 이제부터의 당신이
아닙니다. '새로운' 당신이 나타났습니다. 새로운
당신이라기보다는 '새로 발견된 당신'이라는 편이 더 낫겠군요.
원래부터 있던 것을 잊고 지내다가 다시 찾은 것이니까요.

'새로 찾은 당신'을 축하드립니다. 다시 잃어버리는 일이
없기를 기원합니다. 당신은 그렇게 고귀한 존재입니다.

2 당신은
'유일무이'한
존재입니다

당신은 이 우주에 단 한 사람뿐인 사람입니다. 유일무이한
존재입니다. 단 한 사람뿐입니다. 오직 한 사람뿐입니다. 오직!
한 사람! 당신과 '같은' 사람은 이 우주에 존재하지 않습니다.
쌍둥이 형제조차 당신과 같지 않습니다. 당신과 '같은' 사람은
우주의 전 역사를 통해 단 한 번도 존재한 적이 없습니다.
그리고 앞으로도 존재하지 않습니다.

　　이루 헤아릴 수 없는 긴 시간, 엄청난 세월 속에 당신은 단
한 순간 단 한 번 존재합니다. 수십억 년, 수천억 년의 시간 속에
당신은 단 한 번뿐입니다. 지금 이 순간에! 당신은 시간을
이겨냈습니다. 시간을 이겨낸 존재입니다. 당신과 '같은' 사람은
우주의 전 공간에 어디에도 존재하지 않습니다. 어딘가 다른
곳에도 존재하지 않습니다. 그 광활한 우주의 공간도 당신의
유일무이함을 이겨내지 못했습니다. 그리고 앞으로도 그러할
것입니다. 당신은 공간을 이겨냈습니다. 공간을 이겨낸
존재입니다. 그 상상할 수 없이 넓은 공간 속에 당신은 지금 그
자리에 단 한 사람뿐입니다. 수십억 수천억 광년의 공간 속에
당신은 단 한 곳에 존재할 뿐입니다. 바로 이 자리에! 바로 이
순간! 지금 그 모습으로! 그렇게! 또 그렇게! 그렇습니다. 명백한
사실입니다.

　　당신은 최초의 존재입니다. 당신이 태어나는 순간 다시

없을 사람이 태어나는 것입니다. 당신은 최후의 존재이기도 합니다. 당신이 사라지면 우주의 유일무이한 존재가 사라지는 것입니다. 당신은 이 우주에 다시 존재할 수 없습니다. 당신은 두 번 존재할 수 없습니다. 두 곳에 존재할 수도 없습니다. 우주의 전 역사를 통해 단 한 번뿐인 당신! 우주의 전 공간에서 단 한 사람뿐인 당신!

사실은 우주의 모든 존재가 다 그러합니다. 이 세상에 어디에도 똑같은 존재는 없습니다. 모든 존재는 다 오직 한 번뿐입니다.

청명한 가을날 샛노란 은행나무 잎들을 본적이 있으십니까? 그 무수한 잎들은 한 잎 한 잎 모두 다 다릅니다. 같은 잎은 하나도 없습니다. 이 지구상의 상상할 수 없이 많은 은행잎이 모두 다 다릅니다. 똑같이 생긴 은행잎은 이 우주에 존재하지 않습니다. 그러니까 은행잎 한 잎 한 잎이 모두 유일한 존재입니다.

바닷가 해변을 가본 적이 있으시지요? 해변에 있는 헤아릴 수 없이 많은 모래알 하나하나가 모두 다릅니다. 똑같은 것이 없습니다. 그 한 알 한 알 모두 유일한 존재입니다. 모래알 하나하나 모두 우주적 존재입니다.

당신의 뺨을 스치는 산들바람! 단 한 번뿐입니다. 오늘의 산들바람은 내일의 산들바람과 다릅니다. 당신이 깨어나 마주치는 아침 풍경! 단 한 번뿐입니다. 어제의 풍경은 오늘의 풍경과 다릅니다. 당신이 오늘 처리해야 할 골치 아픈 일들! 단

한 번뿐입니다. 내일 처리해야 할 일은 내일 처리할 일입니다. 당신이 퇴근길에 싸우고 헤어진 직장상사! 단 한 번뿐입니다. 당신이 겪어내는 오늘의 고통! 단 한 번뿐입니다.

그 모든 것! 그 모든 것! 찬란한 승리에서 비참한 패배까지! 짜릿한 쾌감에서 극심한 고통까지! 다 한 번뿐입니다. 당신이 존재하는 이 순간! 당신이 느끼는 이 순간! 당신이 느끼는 순간 과거가 됩니다. 붙잡아두거나 묶어둘 수 없습니다. 단 한 번뿐입니다.

당신이 살면서 아주 행복한 순간이 있었습니다. 머물고 싶은 순간이 있었습니다. 그 순간! 당신이 머물고 싶은 바로 그 순간에 그것은 사라집니다. 그리고 새로운 순간이 나타납니다. 매 순간이 단 한 번뿐입니다. 당신이 살아가면서 아주 고통스러운 순간이 있었습니다. 빨리 지나갔으면 하는 순간이 있었습니다. 그 순간! 당신이 피하고 싶은 그 순간은 순식간에 사라집니다. 어느 누구도 머물지 못합니다. 한순간도 머물지 못합니다.

당신이 좋아하는 아름다운 공간이 있다고 합시다. 머물고 싶은 그곳! 당신이 머문다고 생각하는 그 순간 그 공간은 이미 그 자리를 벗어나 있습니다. 지구가 자전하고 공전하면서 엄청나게 먼 거리로 자리를 옮긴 뒤입니다.

당신이 사랑한 한 사람! 당신이 사랑하는 그 순간! 이미 다른 사람입니다. 그의 시간과 공간 그리고 그의 세포와 생각이 이미 조금 전의 그 사람이 아닙니다.

당신이 마주치는 모든 순간, 모든 장소, 모든 존재, 모든

감각·느낌·생각, 모두 유일무이한 존재입니다. 유일무이하다는
것은 귀하다는 뜻이기도 합니다. 세상에 단 하나뿐인 존재는 그
가치가 무한합니다. 당신은 유일무이하고 동시에 무한히
귀합니다. 아! 그렇습니다. 바로 당신! 당신이 바로 그런
존재입니다.

당신의 소중함은 이루 말로 표현할 수 없습니다. 당신의
귀함은 언어로 쓸 수 없습니다. 그 어떤 글로도 당신의 존엄을
나타낼 수 없습니다. 그 고귀함을 표현할 길이 없습니다.

당신은 얼마나 귀한 존재일까요? 당신의 귀함은 측량할
수가 없습니다. 그 값이 없습니다. 무한합니다. 그렇습니다. 그
귀함은 무한입니다. 이 지구상의 재화를 다 동원한다고
하더라도 당신의 귀함을 사들일 수 없습니다. 그 무엇과도
당신을 바꿀 수 없습니다.

왜냐고요? 그 어떤 존재로도 당신을 대신할 수 없기
때문입니다. 당신은 그토록 위대합니다. 당신을 귀하게 여기지
않을 수 없습니다. 당신을 존엄하게 모시지 않을 수 없습니다.

3   당신은
    '당신의 우주 전체'이자
    '주인공'입니다

여기 '당신'이 있습니다. 당신의 '몸'이 있습니다. 그 몸 안에
'세상을 바라보는 관찰자'가 있습니다. 그리고 그 밖에 '관찰되는

세상, 우주'가 있습니다. 당신은 몸 안에서 세상을 내다봅니다.

당신이 눈을 감으면 세상이 보이지 않습니다. 잠이 들어도 세상이 보이지 않습니다. 정신을 잃어도 세상이 보이지 않습니다. 귀에 들리는 소리도 마찬가지입니다. 당신이 잠들면 세상소리가 들리지 않습니다. 정신을 잃어도 세상소리가 들리지 않습니다.

당신의 우주는 아침에 당신이 깨어날 때 함께 깨어납니다. 당신이 잠들 때 함께 잠듭니다. 당신이 정신을 잃으면 당신의 우주도 함께 정신을 잃습니다. 당신이 정신을 차리면 함께 정신을 차립니다. 이것을 당신은 잘 알고 있습니다. 매일매일 느낍니다. 매 순간 경험하며 살아가고 있습니다. 매일매일 느끼는 그대로의 사실입니다. 당신이 아는 진실입니다.

아침에 잠자리에서 깨어나는 순간을 생각해봅니다. 당신은 잠에서 깨어나며 먼저 눈을 뜹니다. 방 안의 풍경이 눈에 들어옵니다. 낯익은 텔레비전, 어젯밤에 읽다가 머리맡에 놓아둔 책, 어머니의 목소리, 멀리 지나가는 택시 소리가 귀에 들어옵니다. 이불의 포근한 감촉이 느껴집니다. 일어나 밖으로 나가봅니다. 빛나는 태양과 맑은 하늘이 기다리고 있습니다. 담장에는 줄장미가 환하게 피어 있군요. 반려견 말복이가 뛰어와 당신을 반깁니다.

당신의 우주가 깨어난 것입니다. 당신이 깨어난 것과 함께! 그 우주는 당신 말고 다른 사람은 가지고 있지 않습니다. 오직 당신만의 우주입니다. 그 우주를 누가 대신할 수가 없습니다.

당신의 눈으로 보는 것을 다른 사람이 대신 봐줄 수가

있습니까? 그럴 수가 없습니다. 당신의 귀로 듣는 소리! 다른
사람이 대신 들어줄 수가 있습니까? 당신을 가장 사랑하는
당신의 어머니도 당신과 평생을 함께 산 당신의 아내도
대신해줄 수가 없습니다. 아주 조금도 대신해줄 수 없습니다.
당신의 피부에 와닿는 시원한 바람의 느낌을 누가 느껴줄 수
있겠습니까? 당신의 생각을 누군가 대신해줄 수가 있습니까?
그렇습니다. 누구도 대신해줄 수 없습니다.

당신의 우주는 오직 당신만의 우주입니다. 그 우주는
당신과 함께 나타나고 성장하고 소멸합니다. 그래서 당신은
등장인물이 아닙니다. 먼저 우주가 있고 그 우주에 태어난
등장인물이 아닙니다. 이 우주의 한 귀퉁이에 잠시 등장했다가
사라지는 그런 인물이 아닙니다. 당신은 당신의 우주의
주인입니다.

당신이 주인공입니다. 관찰자와 관찰 대상은 한
묶음입니다. 즉 '당신'과 '당신이 바라보는 우주'가 한
덩어리입니다. 당신이 태어날 때 이 묶음이 함께 태어났습니다.
당신이 세상을 떠나면 이 덩어리가 사라집니다. 동시에
나타나고 동시에 사라지는 것입니다.

이 사실을 부인할 수 있습니까? 아닙니다. 부인할 수
없습니다. 명백한 사실입니다.

당신은 '당신의' 우주를 가지고 있습니다. '당신만의' 우주를
가지고 있습니다. 당신 '한 사람만의' 우주를 가지고 있습니다.
당신이 바라보는 우주가 '당신의' 우주입니다. 당신 '한
사람만의' 우주입니다. 당신만의 눈으로 바라본 하늘, 은하수,

별들, 해와 달, 구름! 당신만의 귀로 듣는 천둥소리, 비바람 소리, 당신이 바라보는 눈보라와 거친 폭풍우! 당신이 가슴속에 품은 애틋한 사랑! 당신만의 우주 속에 있는 당신만의 존재들입니다.

당신의 우주는 당신의 아내의 우주와 다릅니다. 당신의 남편은 그만의 우주를 따로 가지고 있습니다. 당신의 우주는 당신의 어머니의 우주와 매우 다릅니다. 당신의 우주는 당신 친구의 우주와 다릅니다. 당신의 우주는 당신이 기르는 강아지의 우주와는 전혀 다릅니다. 당신의 우주는 산속에 핀 금낭화의 우주와는 더더욱 다릅니다.

당신의 우주는 말 그대로 '당신만의' 우주입니다. 당신의 우주는 당신 '한 사람만의' 우주입니다. 그 누구도 대신할 수 없습니다. 누구도 침범할 수 없습니다. 대신하기는커녕 당신의 우주가 어떤지 다른 사람은 알 수조차 없습니다. 당신만 알고 당신만 볼 수 있고, 당신만 들을 수 있고, 당신만 느낄 수 있는 당신만의 우주!

당신의 우주는 당신과 함께 태어났습니다. 당신과 함께 성장합니다. 당신과 함께 성숙해갑니다. 그리고 당신과 함께 문을 닫습니다. 진정으로 그렇습니다. 당신의 우주는 당신만의 우주입니다.

당신은 우주에 '태어난' 존재가 아닙니다. 당신은 당신이 이 절대 우주에 '태어났다'고 생각하고 있습니다. 우리들 모두 그렇게 생각하고 있습니다. 이 사실을 의심해본 사람은 없을 것입니다.

당신은 먼저 광대한 우주가 있고 그 안에 은하계가 있다고 생각합니다. 또 그 안에 태양계가 있고 그 안에 지구가 있고 그 지구상의 한 점에서 당신이 태어났다고 생각합니다. 그리고 그 안에서 자라고, 나이 들고, 죽는다고 생각합니다.

당신이 우주에 나타났다가 사라지는 것이라 여기지요. 그 우주는 그냥 남아 있고요. 당신이 태어나거나 죽거나 말거나! 당신과 아무 상관 없이! 그렇게 당신이 우주에 왔다가 사라진다고 생각합니다. 그래서 우리는 우리가 죽을 때 '세상을 떠난다'라고 생각합니다. 세상은 그대로 있는데 당신만 그 세상을 떠난다고 생각하는 것입니다. 이것이 우리들이 가진 생각입니다.

그런데 이 생각이 '사실'입니까? 과연 그렇습니까? 당신은 의심해본 적이 있으신가요? 한 번이라도 깊이 생각해본 적이 있으신가요? 당신의 생각은 '사실'이 아닙니다.

당신은 우주에 '태어난' 존재가 아닙니다. 오히려 그 반대입니다. 당신이 태어나면서 당신의 우주가 함께 태어나고 당신이 소멸하면 그 우주도 함께 소멸합니다. 우주가 당신과 함께 태어나고 죽는 것입니다. 우주가 당신 안에 있습니다. 당신이 우주 안에 있는 것이 아닙니다. 함께 깨어나고 함께 잠듭니다. 함께 살고 함께 죽습니다.

당신이 떠난 뒤에 별도로 존재하는 그런 우주는 없습니다. 각각의 개인에게 각각 존재하는 그런 우주만 있을 뿐입니다. 절대 우주 같은 것은 존재하지 않습니다. 절대 시간, 절대 공간은 없습니다. 그런 것은 없습니다. 당신과 나 그리고 이

지구에 존재하는 모든 이들이 각각의 우주로 살아가고 있는 것입니다.

사실은 모든 존재들의 관계가 다 그렇습니다. 산속에 핀 한 송이 솜다리꽃은 그만의 우주를 가지고 있습니다. 그 은은한 향기와 찬란한 색깔! 비바람에 견디는 강인한 줄기와 뿌리! 다음 세대를 준비하는 치열한 축적! 그리고 휴식!

눈 녹는 초봄, 깊은 산골 계곡에서 얼레지가 피어납니다. 그 얼레지는 그만의 우주로 피어납니다. 연약한 그도 그의 우주와 함께 피고 집니다. 그 얼레지를 강제로 피어나게 할 수 있을까요? 그런 방법은 없습니다. 단지 기다릴 수 있을 뿐입니다. 얼레지가 자신의 우주를 만나 스스로 전개하지 않으면 얼레지를 피어나게 하는 방법은 없습니다. 그의 우주가 결심해야 합니다. 얼레지는 자기 전개의 결과물입니다. 젖 뗄 무렵 아기에게 이가 돋아나듯이! 헌 이가 빠지면 새 이가 돋아나듯이!

그렇다면 한 가지 의문이 듭니다. 당신의 우주와 저의 우주는 다르지 않습니까? 그렇다면 어떻게 서로 만나고 있을까요? 한 우주 안에 들어 있지 않은데 어떻게 서로를 알아보고 만날 수 있을까요? 우리 두 사람은 어떤 관계일까요?

그렇습니다. 당신의 의문은 당연합니다. 여기에 당신이 모르는 비밀이 있습니다. 답은 이렇습니다. 당신과 저는 서로에게 들어 있습니다. 당신은 제 우주 안에 들어 있습니다. 저는 당신의 우주 안에 들어 있습니다. 내 안에 너 있고 네 안에

내가 있는 것입니다. 서로 사랑하는 사이에만 들어 있는 것이
아닙니다. 제가 당신을 만나는 모든 순간에 당신은 제 안에 들어
있습니다. 반대의 순간에도 마찬가지입니다. 우리는 서로의
반영입니다.

　　당신은 너무나 크고 넓습니다. 너무나 깊습니다. 너무나
장쾌합니다. 우리는 그 크기나 넓이나 깊이를 가늠할 수
없습니다. 당신께서는 인간의 감각과 사고의 범위를 넘어서서
존재합니다.

　　당신! 스스로 하나의 우주인 당신! 당신 자신의 존엄이
가슴으로 느껴지시나요? 스스로가 귀하다는 느낌이 드시나요?
스스로가 자랑스러우신가요? 그대! 가슴이 벅차오르십니까?
심장이 뛰시나요? 당신 자신이 사랑스러우십니까? 아!
그렇습니다. 당신은 당신 자신의 우주입니다.

　　4　당신의 존엄이
　　　　당신에 관한
　　　　'유일한 진실'입니다

당신은 들어본 적이 있으신가요? 당신이 고귀한 존재라는
사실을? 당신은 느껴본 적이 있으신가요? 당신이 존엄한
존재라는 사실을? 당신은 알고 계신가요? 당신이 존중받아야
하는 존재라는 사실을? 들어본 적이 없을 것입니다. 누구도
가르쳐주지 않았을 것입니다.

당신은 묻고 계시죠? '내가 왜 귀한 존재인가?'라고. 그렇습니다. 당신은 질문할 것입니다. 그래야 합니다. 모든 일에는 이유가 있게 마련이니까요. 길가에 핀 노란 민들레도 그가 거기 있는 사연이 있겠지요? 강물을 거슬러 오르는 산천어도 다 그 까닭이 있겠지요? 여름 하늘을 울리는 한줄기 번개도 그 연유가 있겠지요?

사실 당신은 모른다고 생각하실 수도 있습니다. 내가 왜 귀한 존재야? 금시초문인데? 평생 그런 소리를 들어본 적이 없는데? 그러나 당신은 이미 알고 있습니다. 너무나 잘 알고 있습니다. 아주 생생하고 또렷하게 알고 있습니다. 당신이 귀한 존재라는 것을! 당신이 존엄하다는 것을! 당신에게 존엄이 존재한다는 것을!

언제 알 수 있을까요? 어떻게 알 수 있을까요? 당신은 그것을 압니다. 역설적이게도 그것이 손상될 때! 그것이 훼손될 때! 너무나 생생하게! 너무나 분명하게! 너무나 또렷하게! 너무나 확실하게! 온몸으로! 가슴으로! 심장으로! 온몸의 느낌으로! 세포 하나하나에 이르기까지!

당신의 존엄은 이 세상을 살면서 많은 손상을 받았습니다. 당신은 아버지로부터 매를 맞아본 기억이 있으신가요? 심지어 어머니로부터도 험한 취급을 당한 일이 있으실 수 있습니다. 남편으로부터 난폭하게 다뤄진 적이 있으신지요? 아내의 심한 표현으로 상처를 받으신 일이 있으신지요? 형으로부터 동생으로부터 아들로부터 딸로부터는 어떠신지요?

그리고 군대의 상관으로부터 상처를 받으신 분들이 많으실 것입니다. 직장 상사로부터 상처를 받으신 분들도 많겠지요. 선생님으로부터 경찰관으로부터, 친구로부터, 동료로부터, 부하직원으로부터, 심지어 신으로부터도 버림받은 기억이 있으실 수도 있습니다. 때로는 폭행으로 때로는 모욕으로 때로는 험한 말로 때로는 무시하기로!

그 모든 순간에 당신은 알게 됩니다. 당신의 존엄이 상처받고 있다는 사실을! 칼날처럼 예리하게 알게 됩니다. 당신에게 존엄이 존재한다는 사실을! 너무나 또렷하게 알게 됩니다. 당신이 존엄한 존재라는 사실을!

당신의 존엄은 너무나 또렷하게 존재합니다. 당신에게 눈이 있다는 사실만큼이나! 당신이 숨 쉬고 있다는 사실만큼이나! 하늘에 해가 떠 있다는 사실만큼이나! 달이 지구를 돌고 있다는 사실만큼이나!

당신의 존엄이 손상된 그 순간은 상처로 남습니다. 비수에 찔린 상처는 아물지만 존엄이 손상된 상처는 아물지 않습니다. 그 순간들은 당신의 몸과 정신에 각인돼 있습니다. 그 상처들이 존엄이 존재하는 증거입니다.

때로 당신께서도 다른 사람들의 존엄을 훼손한 적이 있습니다. 물론 저도 그렇습니다. 남에게 준 상처는 사실은 당신 자신이 상처를 입었을 때보다 더 선명하게 당신의 가슴속에 남아 있습니다. 서로 주고받은 상처들도 존엄의 증거들입니다.

그렇습니다. 이렇게 당신은 이미 알고 있습니다. 당신의 마음은 이미 알고 있습니다. 당신의 심장은 다 알고 있습니다. 당신의 영혼은 알고 있습니다. 그 모든 것을! 당신이 귀한 존재라는 사실을! 그렇습니다. 당신은 이미 알고 있습니다.
온몸으로! 태어날 때부터! 죽을 때까지! 당신의 존엄은 한순간도
당신을 떠난 적이 없습니다.

당신은 당신 자신에게 유일한 진실입니다. 당신에게 당신
이외의 다른 진실은 없습니다. 다른 사람의 진실이 당신의
진실은 아닙니다. 당신 자신이 진실이고 진실 그 자체입니다.
진실은 덧붙이거나 뺄 것이 없습니다.

그대로 완전합니다. 지금 그대로! 있는 그대로! 현재의 모습
그대로! 현재 당신이 처한 상황 그대로! 당신은 진실인 동시에
진리이기도 합니다. 당신이 진리 자체이기도 합니다. 당신은
지금 그대로 진실이고 진리입니다.

왜 그럴까요? 왜 당신이 유일한 진실일까요? 당신의
우주에서는 당신이 전체이기 때문입니다. 당신보다 위에 있는
진실은 없기 때문입니다. 당신보다 상위인 진리는 없기
때문입니다. 이 우주에서 당신보다 위에 있는 것은 없기
때문입니다.

당신이 가장 높은 가치입니다. 당신보다 상위에 있는
가치는 없습니다. 더 이상의 진실도 없습니다. 당신 이상의
진리도 없습니다.

있음과 없음, 유와 무, 선과 악, 참과 거짓, 아름다움과
추함!… 남과 여, 흑인과 백인!… 부와 가난, 지위의 높고 낮음,
학력의 높고 낮음!… 그리고 세상에 존재하는 수많은 가치들!

당신이라는 존재에 비하면 하찮은 것들입니다. 당신의

존재에 비할 바가 아닙니다. 하위의 개념들입니다. 작은 '생각과
개념'들입니다. 어느 것 하나 궁극의 진실이라고 할 수 없습니다.
불변의 진리라고 할 수 없습니다.

그것들은 시간에 따라 변화합니다. 한때는 진실이던 것이
시간이 지나면 허위가 됩니다. 장소에 따라 변화합니다.
여기서는 선인 것이 저기서는 악이 됩니다. 사람마다 그 가치가
변화합니다. 어떤 사람에게는 아름다움인 것이 다른 사람에게는
추함이 됩니다.

당신 자체가 진리이자 진실입니다. 당신의 '존재'가
진실입니다. 당신이 어떤 사람인가가 아니라 당신 자체, '존재
자체'가 진실입니다. 동시에 당신은 '유일한' 진실이기도 합니다.
당신은 유일무이한 존재이므로 유일한 진실입니다. 진정으로
그렇습니다. 진실로 그렇습니다. 진실은 더하거나 뺄 것이
없습니다. 진실은 고귀합니다. 유일한 진실은 더 고귀합니다.
그래서 당신은 고귀합니다.

'존재 자체로', '있는 그대로', '지금 그대로, 있는 그대로',
당신의 '현재 상태 그대로.' 당신의 현재 상태가 어떠하든!
당신이 '지금' 어떤 상태에 있든! 당신이 누구이든! 당신이 어떤
모습을 하고 있든! 당신이 지금 무슨 일을 하고 있든! 당신이
지금 어떻게 살고 있든! 당신이 지금 어떤 어려움에 처해 있든!

그 모든 일들은 당신의 진실이며 그 진실은 귀중하며
그래서 당신은 지금 그대로 고귀합니다. '지금 그대로', '있는
그대로'!

당신이 지금보다 더 나아진 후에 귀한 것이 아닙니다.

지금은 천한데 나중에 귀해지는 것도 아닙니다. 지금은
가난한데 부자가 된 후에 존엄해지는 것이 아닙니다. 지금은
낮은 자리에 있지만 나중에 높은 자리로 가면 그때 귀해지는
것이 아닙니다. 지금 그대로, 있는 그대로 귀한 것입니다.

더 나은 삶이 필요하시다고요? 더 큰 성취가
필요하시다고요? 동의합니다. 그렇습니다. 당신은 더 나은
삶으로 나아가야 합니다. 더 나은 세상을 만들기 위해 노력해야
합니다. 그러나 그것은 당신의 존엄과는 아무 상관이 없습니다.
당신의 고귀함은 비교로 주어지는 것이 아니기 때문입니다.

늦은 가을날 목을 길게 올려 피어나는 꽃무릇은 그
아름다움으로 감탄을 자아냅니다. 꽃다지는 작아서 볼품이
없지만 일제히 한꺼번에 피어나면 장관을 이루며 봄을
알립니다. 꽃무릇은 꽃무릇으로, 꽃다지는 꽃다지로, 그 자체로
아름답습니다. 그것이 유일한 진실입니다. 꽃무릇이 꽃다지보다
더 아름답다거나 덜 아름답다는 얘기 따위는 진실이 아닙니다.

당신의 존귀함은 비교되지 않습니다. 비교로 손상되지
않습니다. 다른 사람들과의 비교로 훼손할 수 있는 것이
아닙니다. 주변의 상황이나 사정에 의해서 변경될 수도
없습니다. 당신이 가난하다고 해서 당신의 존귀함이 줄어들지
않습니다. 당신의 육체의 일부가 손상된다고 해서 당신의
존엄이 손상되는 것은 결코 아닙니다.

존재 자체로서의 진실! 지금 그대로의 진실! 그리고 그
진실의 고귀함과 신성함! 당신이 지구상에서 사라지면 그

진실도 사라집니다. 당신이 없으면 당신이라는 고유하고 유일한
진실이 존재하지 않게 됩니다.

　　당신을 사랑합니다. 당신이 유일한 진실이므로!

　　당신을 믿습니다. 당신이 유일한 진리이므로!

　　당신은 고귀합니다. 당신은 유일한 진실이므로!

　　당신은 존엄합니다. 당신은 유일한 진리이므로!

2장   당신은 존재로부터 시작합니다

1   당신은
순수한 그대로의
존재입니다

다시 당신께 묻습니다. 당신은 누구신가요? 당신은 왜 여기에
계신가요? 당신은 어디에서 오셨나요? 당신은 어디로 가시나요?

인류에게 가장 오래된 질문입니다.

그리고 더 묻습니다. 당신은 눈은 왜 두 개인가요? 꼭 두
개여야만 하는 건가요? 하나만 가지면 안 되나요? 세 개면 더
좋을 텐데! 그리고 꼭 앞으로만 보고 있어야 하나요? 하나는
머리 뒤에 달렸더라면 더 좋았을 텐데!

머리카락은 꼭 있어야만 되는 것인가요? 없으면 안 됩니까?
여성의 머리카락은 왜 풍성하고 남성의 머리카락은 그렇지
않을까요? 당신의 눈썹은 왜 있나요?

손가락은 왜 다섯 개인가요? 여섯 개면 더 편리하지는
않을까요? 아니면 네 개일 때가 더 간편하지 않을까요?

누가 합리적인 대답을 할 수 있는 사람이 있으신가요?

묻고 또 묻습니다.

당신은 죽은 후에는 어디로 가시나요? 태어나기 전에는 어디에 계셨나요? 당신은 다시 태어나시나요? 아니면 천당으로 가시나요? 지옥은 어디에 있나요? 당신은 영원한 존재이신가요? 아니면 죽음과 함께 사라지는 존재인가요?

당신은 당신의 인생을 스스로 결정할 수 있습니까? 주어진 운명대로 살아가는 것은 아닌가요? 당신이 하는 생각은 당신이 주체적으로 하는 것이 맞습니까? 저절로 일어나는 것은 아닌가요? 당신은 누구신가요? 도대체?

우선 생각할 수 있는 가장 처음으로 돌아가 봅니다. 당신에 대해 할 수 있는 가장 첫 생각은 무엇일까요?

당신께서 여기에 '있다', 즉 '존재한다'입니다. 그렇습니다. 존재! 있음! 내가 있음! 당신이 지금 있음! 여기에 있음! 엄연하게 있음! 즉 '존재'가 모든 것의 시작입니다.

여기에 최초의 인간이 있습니다. 최초의 인간은 최초에 무슨 생각을 했을까요? 이 사람의 최초의 정신 작용이 무엇이었을지 궁금합니다. 그는 어떤 생각을 했을까요? 인류 최초의 정신 작용은 무엇이었을까요?

최초의 인간의 최초의 정신 작용은 '존재, 즉 있음'입니다. '내가 있음'이 최초의 정신 작용입니다. '내가 존재한다'는 것이 첫 느낌이자 첫 생각입니다. '존재'가 인류 최초의 정신 작용입니다. '내가 있다'는 느낌이 최초의 출발점입니다. 당신은 '존재'로부터 시작합니다.

그런데 이 존재라는 것이 도대체 무엇일까요? 이 존재는 어떤 존재인가요? 당신이 존재를 느끼는 때는 잠에서 깨어날 때입니다. 당신이 잠에서 깨어나서 가장 먼저 느끼는 것이 당신 자신의 '존재'입니다. 당신이 '있다'는 것입니다. 존재가 먼저 생깁니다. 그리고 그 존재가 방안을 둘러봅니다. 밖에서 들리는 소리도 듣습니다. 보고 듣는 일을 존재가 하는 것입니다. 존재로부터 모든 일이 시작됩니다.

더 생각해봅니다. 존재란 무엇인가? 이제 알 수 있습니다. 존재란 '깨어남'입니다. 깨어나는 순간 존재가 생깁니다. 존재는 곧 '깨어남'입니다. '드러남'이라고 할 수도 있고 '표현'이라고 할 수도 있습니다.

무엇에서 깨어났나? 그것은 모릅니다. 알 수가 없습니다. 그것은 인간의 인식 너머에 있습니다. 그것을 유추해볼 수 있을 뿐입니다. 인간이 알 수 있는 것은 우리가 깨어난 그 순간부터입니다. 깨어난 순간의 존재는 순수한 그대로의 존재입니다. '그냥' 있는 그대로의 있음입니다. '순수한' 그대로의 존재입니다. '순수한' 그대로의 있음입니다. '단순한' 그대로의 존재입니다. '가장 단순한' 있음 그대로 그것뿐입니다. '존재 그 자체'일 뿐입니다.

당신 존재의 본질이 느껴지십니까? 존재 자체! '내가 있음', 이것이 존재의 최초의 모습입니다. 당신은 본래 오염이 없는 순수한 존재입니다. 당신을 '이것'이라거나 또는 '저것'이라고 규정하는 것은 다 거짓입니다. 일시적인 방편들입니다. 벗어버릴 옷과 같은 것들입니다.

당신은 그냥 당신입니다. 힘껏 외쳐보시기 바랍니다. 나야! 나야 나!

2   당신은
'존재 자체'입니다

당신은 '존재 자체'입니다. 그 '어떤' 존재가 아니라는 뜻입니다. '이런' 존재 또는 '저런' 존재가 아니라는 뜻입니다. 당신은 여성으로서의 존재가 아니고 남성으로서의 존재도 아닙니다. 그 이전의 '존재 자체'입니다. 당신은 돈 많은 존재도 아니고 가난한 존재도 아닙니다. 그 이전의 '순수 존재'입니다. 당신은 김 씨로서의 존재도 아니고 박 씨로서의 존재도 아닙니다. 그 이전의 '그냥 존재'입니다.

지금까지 당신의 정체성이 되어왔던 그 모든 개념 규정들은 사실은 당신의 본질과는 상관 없습니다. 비유하자면 당신이 입고 있는 옷과 같습니다. 당신이 벗어버리면 아무것도 아닌 것들입니다.

당신은 벌거벗은 존재로 태어났습니다. 태어난 순간부터 우주로 돌아가는 그 순간까지 당신은 우주의 아들이고 딸입니다. 우주의 의지의 결집이며 우주의 결정체입니다.

그럼에도 불구하고 태어난 순간부터 당신께서는 인간 세상에 편입되기 시작합니다. 생년월일이 주어집니다. 이름이 부여됩니다. 어느 지역 출신이라는 것이 결정됩니다. 당신의 부모님은 이미 당신을 기다리고 있습니다. 신분이 결정되어 있습니다. 행복한 가정에 태어나면 다행입니다. 때로는 아주 좋지 않은 상황 속으로 태어날 수도 있습니다.

당신이 태어날 때 당신을 조건 짓는 이 모든 주변 상황들은 이미 결정되어 있습니다. 살아가면서 결정되기도 합니다. 그 대부분은 당신과 아무 상관 없습니다. 정말 아무 상관 없습니다. 당신은 너무 어려서 그것이 무엇인지 알지도 못합니다.

당신이 부여 받은 그 조건들은 당신의 정체성이 됩니다. 그 정체성을 따라 당신에 대한 평가가 생깁니다. 이런 평가, 저런 평가가 생기게 됩니다. 평가는 비교를 통해 생겨나므로, 필연적으로 좋은 평가와 나쁜 평가가 생기게 됩니다. 부잣집 아들이라는 평가, 가난한 집 딸이라는 평가, 공부를 잘한다는 평가와 공부를 못한다는 평가, 키가 크다는 평가와 키가 작다는 평가, 성격이 좋다는 평가와 좋지 않다는 평가, 이전저런 평가가 수도 없이 생겨납니다.

당신을 평가하는 절대적 기준은 없습니다. 어떤 사람은 당신을 좋아하고 어떤 사람은 당신을 싫어합니다. 같은 사안에 대해 어떤 사람은 이렇게 평가하고, 어떤 사람은 저렇게 평가합니다. 나라에 따라 다르고 지역에 따라 다르고 집안마다 다릅니다.

한 사람에게는 영웅인 사람이 다른 사람에게는 반역자입니다. 중구난방이고 오락가락입니다. 당신은 이 평가에 휘둘립니다. 그 평가에 끌려다닙니다. 때로는 저항해보지만 소용없습니다.

이 세상은 이렇게 당신을 '어떤' 존재로 만들어버립니다. 그리고 당신은 '어떤' 존재로 살아가게 됩니다. 그 어떤 존재로 살아가는 것은 당신을 본래 존재에서 멀어지게 합니다. 그 '어떤' 존재는 당신을 매일 흔듭니다. 그 '어떤' 속성은 비교에 의한 속성이고 상대적인 속성이기 때문입니다.

이 세상에는 절대적인 기준이 없습니다. 그 이유는 이 세상 자체가 상대성의 세계이기 때문입니다. 모든 것이 상대적으로 결정되는 세계이기 때문입니다. 길고 짧고, 무겁고 가볍고, 크고 작고, 이렇게 상대적으로 결정됩니다. 모든 것이 비교로써 그 존재가 규정됩니다. 또 사회적으로는 돈이 많고 적고, 학력이 높고 낮고, 힘이 있고 없고, 이렇게 비교되어 규정됩니다.

당신은 이런 상대적 비교의 대상이 되고 그 비교의 결과로 정체성이 결정됩니다. 상대성의 세계에는 진리가 없습니다. 모든 것이 상대적으로 결정되기 때문입니다. 이것이 '절대적으로 옳다'라고 할 수 있는 것이 없습니다. 그러니까 진리도 진실도 없는 것입니다.

상대성의 세계를 조금 더 생각해봅니다. '시간'이라는 것에 대해 생각해봅니다. 당신 그리고 우리는 모두 시간 속에서 살고 있습니다. 더 정확히는 시간의 지배 속에서 살고 있습니다. '시간' 없이는 살아가기가 힘들 정도라는 것입니다. 인간의 삶에 필수적인 '존재'가 된 것입니다. 엄연히 '존재'하며 더 나아가 '절대적'인 지위로까지 올라가 있습니다.

시간이 어떻게 당신을 지배하는지 한번 살펴볼까요?

당신은 아침 7시에 일어납니다. 8시에 집에서 출발해서 9시에 회사에 도착합니다. 9시 30분에 회의에 참석합니다. 10시에 출장을 떠납니다. 12시 비행기에 탑승합니다. 6시간 동안 날아서 목적지에 도착합니다.

당신의 생활은 온통 시간으로 이루어져 있습니다. 만약 '시간'이 없으면 당신의 생활은 물론 당신이 속한 회사, 우리나라, 세상 전체가 뒤죽박죽이 되는 것을 넘어 파경에 이를지도 모릅니다. '시간'은 이렇게 '엄청난 존재'입니다.

그런데 다시 생각해봅니다. '시간'은 어디에 있습니까? 어디에 어떻게 존재합니까? 우리가 어린 시절 학교에서 배운 대로 따라가봅니다.

시간은 해와 지구의 움직임입니다. 지구의 공간 이동입니다. '지구가 태양을 한 바퀴 도는 공간의 이동'을 1년이라고 합니다. 그 이동을 이름 붙여 '1년'이라고 한 것입니다. 즉 1년은 공간의 이동을 이르는 '이름'입니다.

따라서 시간은 존재하는 것이 아닙니다. 실제로는 '지구의 이동'이 존재하는 것입니다. 시간은 '이름' 또는 '명칭'일 뿐입니다. 따라서 시간은 '존재'가 아닙니다. 그 실체가 존재하는 것이 아닙니다. 이름만 존재하는 것입니다. 지구의 자전의 이름은 하루입니다. 그것을 24개로 나눈 분할된 조각의 이름은 1시간, 2시간, 3시간… 입니다. 이들 역시 이름, 또는 명칭일 뿐입니다.

인류의 생활을 지배하는 시간이 사실은 '존재하지 않는' 것입니다. 시간이라는 것은 없습니다. 시간은 생활의 편리를 위한 발명품입니다. 일종의 도구입니다. 개념이고 생각입니다. 인류는 이런 도구들을 많이 발명해서 사용하고 있습니다.

1+1=2. 이것은 진실인가요? 진리입니까? 그렇다고 들어왔습니다. 한번 따져볼까요? '1'이란 무엇일까요? 예를 들어 '길이'라고 해볼까요? 1cm라고 해볼까요? 1cm라는 것이 존재합니까? 정확히 1cm라는 것이 존재합니까? 우리는 1cm의 기준이 되는 기준자를 가지고 있을까요? 1cm의 절대 기준이 되는 자를 가지고 있을까요? 가지고 있지 않습니다. 말하자면 적당히 정한 것입니다.

당신이 1cm 길이의 자를 만든다고 해봅니다. 과연 정확한 1cm 길이의 자를 만들 수 있을까요? 만들 수 없습니다. 당신이 평생을 만든다고 해도 정확히 1cm가 되는 자는 만들 수 없습니다. 그 자는 1.000001cm이거나 0.999999cm일 것입니다. 그리고 온도에 따라 그 길이가 수시로 변할 것입니다. 말하자면 1cm는 존재하지 않습니다.

그러면 1cm는 무엇일까요? 그것은 하나의 개념입니다. 생각입니다. 생각의 도구입니다. 인간의 사고의 한 수단인 것입니다. 사고의 편의를 위해 만든 인간의 발명품입니다. 시간과 마찬가지로 1+1=2도 생각의 수단입니다. 진리이거나 진실은 아닙니다. 그렇다고 그것들이 폐기되는 것은 아닙니다. 그냥 편리한 도구로 수단으로 존재하면 되는 것입니다. 다만 그것들이 절대 진리는 아니라는 것입니다.

이 우주에는 절대 진리가 없습니다. 이 우주가 상대성의 세계이기 때문입니다. 절대적 기준이 없기 때문에 길이, 부피, 무게, 속도, 깊이, 높이, 넓이 등등 모든 것이 상대적으로 결정됩니다.

1m짜리 막대는 긴가요 아니면 짧은가요? 코끼리 1톤은 무거운가요 아니면 가벼운가요? 시속 150km의 기차는 빠른가요 아니면 느린가요?

사회적 문제들도 모두 상대적입니다. 부자-가난한 사람, 키 큰 사람-작은 사람, 뚱뚱한 사람-마른 사람, 보수적인 사람-진보적인 사람, 나이 든 사람-젊은 사람 등등 모든 것이 상대적입니다.

당신은 키가 큽니까 아니면 작습니까? 작은 사람보다는 크고 큰 사람보다는 작지요? 당신은 보수적입니까? 아니면 진보적입니까? 어떤 면에서는 보수적이고 어떤 면에서는 진보적일 것입니다. 아니면 어느 정도는 보수적이고 어느 정도는 진보적일 것입니다.

인류는 세상의 존재들을 대립하는 쌍으로 보는 관점을 만들어냈습니다. 음과 양, 선과 악, 참과 거짓, 탄생과 죽음, 남과 여, 하늘과 땅, 산과 바다, 플러스와 마이너스, 부자와 가난한 사람. 공산주의와 자본주의, 천당과 지옥, 천사와 악마! 무수히 많은 대립 쌍들을 만들어냈습니다.

그들은 서로를 필요로 하는 존재들입니다. 상대가 없으면 자신도 없기 때문입니다. 서로가 함께해야 완성이 되는 존재들입니다. 음은 양 없이 존재하지 않습니다. 양은 그래서 음을 필요로 합니다. 대립되지만 동시에 서로 없어서는 안 되는 존재들입니다. 완성을 위해서는 음과 양이 함께해야 합니다.

선은 악의 상대 개념입니다. 선은 악 없이 존재할 수
없습니다. 선만으로는 존재할 수 없는 것이지요. 참과 거짓도
마찬가지입니다. 결국은 그 둘은 하나입니다. 한 몸입니다.
그런데 인간들은 그 대립하는 쌍 가운데 어느 하나를 자신의
것으로 택했습니다. 그리고 그것을 자신과 동일시했습니다.

어떤 사람은 '선'이 되어 다른 사람을 '악'으로 만들었습니다.
어떤 사람은 '참'이 되어 이웃집 친구를 '거짓'으로
규정했습니다. 선은 악을 소멸시키려 하고 참은 거짓을
소멸시키려 합니다.

'당신은 이렇게 살아야 한다. 또는 저렇게 살아야 한다.
당신의 삶의 기준은 이것이니 반드시 이렇게 선택해야 한다'는
기준은 없습니다. 절대 진리도 절대 진실도 없습니다.

누구나 자신이 좋아하는 삶을 선택할 수 있습니다.
사람마다 그 기준이 다르고 다양합니다. 따라서 상대 체계
속에서의 삶은 당신 자신이 진리입니다. 당신의 선택이
진리입니다. 당신의 삶은 당신이 선택하는 삶입니다. 누가
밖에서 주는 삶이 아닙니다. 당신 자신이 이끌어가는
인생입니다. 자신만의 삶입니다.

자신의 삶을 떠나면 우리의 삶은 상대적 비교 속으로
들어갑니다. 그 비교는 무한히 진행됩니다. 돈이 많은 사람은
'아주' 많은 사람과 비교됩니다. 그리고 돈이 '아주' 많은 사람은
'더' 많은 사람과 비교됩니다. 비교는 무한히 계속되고 끝없이

진행됩니다.

이 상대적 비교는 합쳐져서 당신의 정체성이 됩니다. 이 정체성은 그 사람의 사회적 지위, 정치 경제적 지위를 결정합니다. 그 사람이 살아가는 방식을 결정하게 됩니다. 이러한 삶의 방식은 만인의 만인에 대한 투쟁을 낳습니다. 이 투쟁은 끝없이 계속됩니다.

당신은 이 상대성의 세계 속에서 때로는 가족을 부양하기 위해 때로는 회사를 위해 무진 애를 써오셨습니다. 당신은 성공하기도 하고 실패하기도 했습니다.

지금의 문명, 그 많은 결실들, 저 엄청난 대도시와 높은 빌딩들, 화려한 조명 아래 빛나는 최첨단 문명들, 교통수단들, 전자 기기들, 맛있는 음식과 세련된 의상 그리고 그런 문명의 바탕이 되는 엄청난 부! 이것들은 당신과 같은 사람들의 불타는 사명감과 의무감의 결과입니다. 당신께서는 인류 역사상 가장 화려한 문명을 만들어냈습니다. 그 노고에 깊은 경의를 표합니다.

그러나 그럼에도 불구하고 이것은 당신의 본래 모습이 아닙니다. 당신은 상대적 가치로 평가되는 그런 존재가 아닙니다. 화려한 문명 속에서 그 문명의 가치 기준에 따라 평가받는 그런 존재가 아닙니다. 사업에 성공했다고 높이 평가받고 사업에 실패해서 노숙자가 됐다고 무시당하는 그런 존재가 아닙니다. 그런 기준은 당신이라는 존재의 본질과는 상관 없습니다. 당신은 경제제도가 만들어낸 자의적인 평가에 휘둘리는 그런 존재가 아닙니다. 당신은 '고귀한 존재 그 자체'이십니다.

인류가 만들어낸 화려한 문명이 아무리 위대하다 할지라도 당신에 비하면 아무것도 아닙니다. 인류 문명 전체를 합쳐봐도 당신이라는 한 사람의 존재만 못합니다. 인류가 수만 년 동안 쌓아온 지식도 당신에 비하면 아무것도 아닙니다. 인류가 탄생한 이래 수천 년 동안 축적해온 문명을 다 합쳐도 당신에 비하면 아무것도 아닙니다. 당신이라는 존재는 인류가 이룩해낸 문명의 지식과 능력을 모두 합친 결과 그 훨씬 이상입니다. 아니 비교조차 되지 않습니다.

당신을 이루는 원소들, 그 원소들이 모인 분자들, 그리고 그 분자들이 모인 세포들, 그 세포들이 만들어내는 조직, 그 조직들이 형성하는 소화기관과 호흡기관과 심장기관, 그것들의 엄청나게 정교한 조화와 협력, 그들의 유기적 연결, 그들이 만들어내는 움직임, 그것들을 지휘하는 뇌의 신비로운 활동! 우리는 그것들이 어떻게 구성됐고 어떻게 작동하는지 알지 못합니다. 어떤 필설로도 표현할 수 없습니다.

당신은 완전체입니다. 완전한 전체입니다. 그래서 당신은 신비이며 기적이며 위대함입니다. 그 이상입니다.

다시 한 번 말씀드립니다. 당신은 '어떤' 존재가 아닙니다. '무엇'으로 규정되는 존재가 아닙니다. '무엇'으로 평가되는 존재가 아닙니다. 비교되는 존재도 아닙니다. '돈 없는' 존재, '공부 못하는' 존재 또는 '키 작은' 존재가 아닙니다.

당신은 '존재 그 자체'입니다. 당신의 속성, 즉 키가 작다든가 돈이 없다든가 하는 것들은 당신의 일부 속성일 뿐입니다. 당신 자신이 아닙니다. 결코 아닙니다. 당신은 '당신 자신'일 뿐입니다.

때때로 당신의 일부 속성이 마치 당신 자신처럼 여겨집니다. 그것은 마치 개의 꼬리가 몸통을 흔드는 것과 같습니다. 주객이 전도되는 것입니다. 앞뒤가 바뀌고 위아래가 뒤집히는 것입니다. 주인과 손님이 바뀌는 것입니다.

실제로는 이런 일들이 많이 일어나고 있습니다. 때로는 권력의 관점에서 당신을 규정하는 일들이 종종 일어납니다. 당신이 표로 계산되는 경우입니다. 당신이 자본의 관점에서 규정되는 경우도 있습니다. 당신이 돈벌이의 수단으로 규정되거나 또는 생산 수단으로 규정되는 경우입니다. 그러나 당신은 '표'도 아니고 '생산성'을 높이는 도구도 아닙니다.

당신은 그런 존재가 아닙니다. 당신의 주인의 자리를 손님에게 빼앗겨서는 안 됩니다. 꼬리가 몸통을 흔들게 해서도 안 됩니다. 위아래가 뒤집히거나 앞뒤가 뒤바뀌도록 해서도 안 됩니다.

다시 말씀 올리지만 당신은 '존재 자체'입니다. '어떤' 존재가 아닙니다. '그 자체'로 위대하고 존엄한 존재입니다. 인간들이 만든 작은 제도들과 왜곡된 생각들이 부여해놓은 왜소한 '속성'들로 규정되는 그런 '작은' 인간이 아닙니다.

3 당신 자체가
우주이자
존재의 목적입니다

당신! 혹시 방 안에 홀로 있습니까? 문을 걸어 잠그고 혼자
있습니까? 외롭고 고독합니까? 혹시 울고 있습니까? 어디론가
멀리 도망치고 싶습니까? 도망쳐보시겠습니까?
도망쳐보십시오. 어디론가 멀리! 다 버리고! 홀로! 혼자!
홀가분하게! 산속 깊숙이 들어가 보실까요? 멀리 외국으로
가보실까요? 그곳에서 당신은 혼자입니다! 주변에 아무도
없습니다. 적막만이 있습니다.

　그런데 다시 생각해봅니다. 진정 혼자이신가요? 거기 홀로
계신가요? 그렇습니까? 밖으로 나가 밤하늘을 쳐다보십시오.
거기에 누가 있습니까? 무수히 많은 별들이 있습니다. 그 별들이
혼자 있습니까? 아닙니다. 당신과 함께하고 있습니다. 그 별들은
당신의 고향이기도 합니다. 당신은 그 별들에서 왔습니다. 그
별들이 당신을 만들었습니다.

　발아래 들풀들을 내려다보십시오. 거기에 누가 있습니까?
온갖 들풀들이 혼자 있습니까? 아닙니다. 바로 당신과 함께하고
있습니다. 멀리 흘러가는 강물을 보십시오. 유유히 흘러가며
당신과 함께하고 있습니다.

　당신이 슬픔에 울고 있으면 당신만 우는 것이 아닙니다. 온
우주가 함께 웁니다. 당신이 기쁨으로 넘치면 온 우주가 당신과
함께합니다. 당신이 외로우면 온 우주가 외롭습니다. 당신이

낙담하면 저도 그렇습니다. 당신이 희망을 가지면 그들도
희망을 가집니다.

　그렇습니다. 당신은 혼자가 아닙니다. 당신은 혼자일 수가
없습니다. 결코! 당신이 이 세상을 떠나 아무리 멀리 간다고
해도 당신은 혼자일 수가 없습니다. 당신이 아무리 산속 깊이
들어간다고 해도 당신은 혼자가 아닙니다. 언제나 우주가
당신과 함께하고 있습니다. 그 모든 시간에! 어디서나 당신은
우주와 함께하고 있습니다. 그 모든 공간에서! 언제나!
어디서나! 이 우주는 당신을 혼자 내버려 두지 않습니다. 언제나
어디서나 당신과 함께합니다.

　때때로 당신은 홀로라는 느낌이 들 때가 있을 것입니다.
그러나 당신이 홀로라는 생각은 사실이 아닙니다. 당신은
홀로일 수가 없습니다. 단 한 순간도 우주와 연결돼 있지 않은
순간이 없습니다. 당신의 일거수일투족은 모두 우주와 연결돼
있습니다. 당신이 숨을 쉬는 순간, 당신의 맥박이 뛰는 그 모든
순간, 당신이 태어나는 순간, 당신이 살아가는 모든 순간이
우주의 순간입니다. 당신이 죽은 후에도 당신은 우주 안에
있습니다. 단지 모습을 바꿀 뿐입니다. 그렇습니다. 당신은 우주
전체로부터 결코 분리되지 않습니다.

　사실 당신뿐 아니라 우주안의 어떤 존재도 우주로부터
분리되지 않습니다. 그 어떤 존재도 우주를 떠날 수는 없습니다.
분리된 존재는 없습니다. 홀로 존재하는 존재는 없습니다.
당신은 당신 이외의 존재들과 분리되지 않습니다. 하늘, 땅, 산,
강, 꽃, 바람, 안개, 이슬 그 모든 것이 당신 자신입니다.

당신은 아름답습니다. 이 세상 그 수많은 꽃들과 함께! 당신은 높은 존재입니다. 저 눈 덮인 산들과 함께! 당신은 넓습니다. 저 파도가 일렁이는 바다와 함께! 당신은 힘차게 앞으로 나아갑니다. 저 굽이치는 강물과 함께! 당신은 경쾌합니다. 그 빠른 바람과 함께! 당신은 장쾌합니다. 그 모든 풍광들과 함께! 당신은 맑고 투명합니다. 어느 가을 아침 이슬들과 함께! 당신은 벅찬 감동입니다. 갓 태어난 딸과 함께! 당신은 영광입니다. 그 모든 역사의 순간들과 함께! 그 모든 것이 당신과 함께하고 있습니다. 당신은 그런 존재입니다. 그렇게 고귀한 존재입니다.

우주는 당신을 어디에 쓰려고 만들지 않았습니다. 산속에 아름답게 핀 산나리는 어디에 쓸 용도가 있어 피어난 것이 아닙니다. 여름날의 소나기가 어디에 쓸 용도로 내리는 것이 아닙니다. 하늘을 흘러가는 흰 구름이 무슨 이유가 있어 그리 바삐 가는 것은 아닙니다.

산나리의 아름다움은 우리에게 기쁨을 줍니다. 물론 기쁜 일입니다. 그러나 아름답기 때문에 산나리가 귀한 것은 아닙니다. 산나리는 그 자체로 귀한 존재입니다. 그것이 아름답든 아니든. 물론 산나리의 아름다움은 또 다른 기쁨입니다. 그 또한 귀한 선물입니다. 하지만 그것은 하나의 속성에 불과합니다. 산나리라는 '귀한' 존재의 부가적 선물일 뿐입니다.

당신도 마찬가지입니다. 당신은 수단이 아닙니다. 당신을 어디에 쓰려고 우주가 온 힘을 기울여 탄생시킨 것이 아닙니다. 당신은 자동차를 만드는 용도로 탄생한 사람이 아닙니다. 물론 당신이 자동차를 잘 만드는 것은 아주 귀한 당신의 속성입니다. 그 또한 귀한 속성입니다. 그러나 그럼에도 불구하고 그것은 당신이라는 '존엄'한 존재의 부가적 속성일 뿐입니다.

당신은 그 자체로 목적입니다. 우주의 목적입니다. 당신을 태어나게 하고 생명을 유지하게 하고 때가 되면 당신을 우주로 데려가는 것이 우주의 뜻입니다. 당신 자체가 우주의 목적입니다. 당신은 도구가 아닙니다. 수단이 아닙니다.

국가가 존재하는 이유도 역시 당신을 귀하게 하기 위해서입니다. 당신이 국가를 위해서 존재하는 것이 아니고 국가가 당신을 위해서 존재하는 것입니다. 정치도 마찬가지입니다. 당신은 정치의 도구가 아닙니다. 권력의 대상이 아니라는 뜻입니다. 정치가 당신을 위해서 존재하는 것입니다. 당신은 경제의 수단도 아닙니다. 돈벌이의 수단이 아니라는 뜻입니다. 경제가 당신을 위해서 존재하는 것입니다.

우리가 그것을 위해 목숨을 걸고 싸워온 민주주의도 그 자체가 목표는 아닙니다. 물론 민주주의는 우리가 목숨을 걸고 지켜야 할 귀중한 제도이지만 그 자체가 목표는 아닙니다. 민주주의를 통하여 당신을 존엄하게 하기 위한 경로이자 절차입니다. 정의도 그 자체가 목적은 아닙니다. 이념도 그 자체가 목적은 아닙니다. 복지도 그 자체가 목적은 아닙니다. 모두 수단일 뿐입니다.

무엇을 위한 수단일까요. 당신을 위한 수단입니다.

당신이라는 존재를 위한 도구입니다. 당신의 존엄을 위한 수단입니다. 당신을 귀하게 하기 위한 수단입니다. 그 모든 것이 존재하는 이유가 '인간을 존엄하게 하기 위함'입니다. 당신은 목적입니다. 당신 자체가 목적이라는 뜻입니다. 당신은 그런 존재입니다. 인간이 만든 모든 제도들이 당신을 위해 존재하는 그런 존재입니다.

3장 최초의 인간

1 언어의 탄생

태초에 말씀이 있었습니다. 말씀과 함께 세상이 시작됐습니다. 말씀과 함께 존재들이 존재하게 됐습니다. 동시에 존재들이 이름을 가지게 됐습니다.

하늘, 땅, 산, 바다, 강, 나무, 돌, 물, 사자, 사슴, 진달래, 산수유, 바람꽃, 솜다리!

말씀들을 계속 늘어났습니다. 또 새로운 말씀들이 생겨났습니다. 말씀이 말씀을 낳았습니다.

집과 길, 마을, 그릇! 말씀이 또 말씀을 낳았습니다.

세상은 말씀과 함께 존재하게 됐습니다. 말씀에 들어 있지 않은 것은 존재하지 않는 것과 마찬가지였습니다. 사람들의 인식 속에 존재하지 않기 때문입니다. 인간 세상에 존재하지 않는 것과 마찬가지였습니다.

말씀이 세상을 지배했습니다. 사람들은 말씀에 따라 생각하고 움직였습니다. 말씀이 힘이 됐습니다. 말씀을 지배하는 자가 세상을 지배했습니다. 말씀을 독점하는 자가 권력도 독점했습니다.

　사람들은 말씀과 자신을 동일시했습니다. 어떤 사람은
철수가 되고 어떤 사람은 영희가 되었습니다. 사람들의
일생에도 말씀이 붙었습니다. 한때는 학생이다가 다른 한때에는
군인이 되었습니다. 어떤 때는 노총각이다가 어떤 때는 아빠가
되었습니다. 어떤 이는 민주당원이 되고 어떤 이는 공화당원이
되었습니다.

　모든 사람이 말씀에 속하게 됐습니다. 사람들은 말씀과
자신을 동일시했습니다. 그 사람에게 붙여진 말씀, 또 그 사람이
사용하는 말씀이 그 사람 자체가 됐습니다. 그 사람의
정체성이자 인격이 됐습니다.

　당신이 어떤 말씀에 속하는지는 우연히 결정되기도 하고
자발적으로 결정되기도 했습니다. 대부분은 태어나면서
자동으로 결정됩니다. 당신은 태어나는 즉시 생년월일을 가지게
됩니다. 출신 지역도 가지게 됩니다. 이름도 가지게 됩니다.
당신을 규정하는 대부분의 속성들은 태어나는 즉시 부여됩니다.

　모든 말씀마다 가치가 따라 붙습니다. 평가가 따라
다닙니다. 옳고 그르고 좋고 나쁘고!

　당신은 태어나는 즉시 모국어를 가지게 됩니다. 당신의
어머니께서 쓰시던 말이 당신에게 각인됩니다. 그 말은 당신의
뇌에 각인되고 당신은 그 말로 생각을 합니다. 그 사람의 말은
그 사람의 생각이 되고 그 사람의 행동이 되고 그 사람 자체가
됩니다.

당신은 당신의 언어로 생각하고 당신의 언어대로 행동하게 됩니다. 언어가 당신 자체가 되는 것입니다. 당신의 언어는 당신의 가장 중요한 정체성 중의 하나가 됩니다. 그렇습니다. 당신의 언어는 당신을 규정하는 정체성입니다. 그래서 말씀이란 무엇인가 생각해봐야 합니다.

언어란 무엇일까요? 언어는 세 가지 요소로 이루어져 있습니다. 소리가 첫 번째 구성 요소입니다. 두 번째는 문법입니다. 세 번째 요소는 의미입니다. 즉 언어란 자신이 전하고 싶은 의미를, 문법 구조를 통해, 소리로 내보내는 것입니다. 이 세 가지 요소 중 문법과 소리는 의미를 전달하는 '수단'입니다. 소리와 문법은 문화마다 또 인종마다 다 다릅니다. 수많은 변종이 있을 수 있습니다. 문제는 의미입니다. 의미란 무엇일까요? 의미의 의미를 생각해봅니다.

혹시 두리안이란 과일을 맛보신 적 있으신가요? 동남아 국가에서 나는 과일입니다. 과일의 황제라고 불리는 과일입니다. 럭비공같이 생겼습니다. 호박만큼 큽니다. 껍데기가 울퉁불퉁하고 단단합니다. 그 과일에서는 분뇨 냄새가 납니다. 냄새가 아주 고약합니다. 이 과일이 그런데 아주 맛있습니다.

두리안의 맛은 '퀴퀴하면서도 시큼하고 달달'합니다. 무슨 맛인지 아시겠습니까? 제가 한 말을 듣고 두리안의 맛이 어떤지 아시겠습니까? 두리안에서는 분뇨 냄새가 납니다. 무슨 냄새인지 아시겠습니까? 제가 드린 말씀을 듣고 무슨 냄새인지 아시겠습니까? 아마 정확히 알 수 없으실 것입니다. 제가 아무리 정확하게 설명한다고 해도 두리안의 맛과 냄새를 정확히 알수는 없습니다.

이번에는 포도의 맛을 설명해보겠습니다. 제가 어제 사먹은 포도는 아주 '새콤달콤'했습니다. 그 맛을 아시겠습니까? 어느 정도는 아시겠지요? 알 수 있습니다.

여기서 의문이 생깁니다. 왜 두리안의 맛을 설명한 것은 못알아듣고 포도를 설명한 말은 알아들을 수 있을까요? 왜 어떤설명을 알아듣고 또 어떤 설명은 알아듣지 못할까요? 왜그럴까요?

답은 '경험의 차이'입니다. 경험의 차이 때문에 그렇습니다. 두리안은 먹어보지 못한 과일이고 포도는 먹어본 과일이기때문입니다. 두리안은 먹어보지 못했기 때문에 아무리 설명을해도 그 맛을 알 수가 없는 것입니다. 반대로 포도의 맛은과거에 먹어본 경험이 있어서 알아들을 수 있는 것입니다. 포도의 맛을 설명할 때 과거의 기억이 되살아나는 것입니다. 두리안과 마찬가지로 포도를 먹어본 적이 없는 사람에게는아무리 해도 그 맛을 전달할 수는 없습니다.

결국 의미는 그 맛을 직접 설명하는 것이 아닙니다. 기억을불러내는 행위입니다. 말을 하는 사람이 말을 듣는 사람이경험의 기억을 불러내는 것입니다. 따라서 두리안이라든가포도라든가 하는 그 단어 그 자체에는 의미가 없습니다. 이단어들은 과거의 경험을 불러내는 '호출 부호'인 것입니다. '경험을 자극하는 스위치'인 것입니다.

문제는 여기서 발생합니다. 사람마다 경험이 다릅니다.

인생의 경험은 모두에게 다 다른 것입니다. 당신께서 '포도'의 맛을 알아듣는다고 해도 사람마다 포도에 대한 경험은 모두 다릅니다. 그 때문에 그 포도의 맛에 대한 기억도 모두 다릅니다. 어떤 사람에게는 청포도에 대한 기억이 또 어떤 사람에게는 적포도에 대한 기억이 있습니다. 그러니까 포도라고 얘기할 때 서로 각각의 기억으로 알아듣는 것입니다.

당신에게는 '사랑'이라는 단어가 어떤 의미인가요? 당신께서 쓰는 사랑이라는 단어와 제가 쓰는 '사랑'이라는 단어는 다릅니다. 그 소리와 문자는 같지만 엄밀한 의미는 다릅니다. 우리 모두에게 다 다릅니다. 저에게 사랑은 쓰디쓴 아픔일 수 있습니다. 당신에게는 사랑이라는 단어가 달콤한 추억일 수 있습니다.

같은 사랑이라는 단어가 두 사람에게 판이한 것입니다. 제가 당신과 사랑에 대해 얘기하고 있을 때 우리는 사실은 서로 다른 경험을 떠올리고 있는 것입니다. 모든 단어, 모든 문장이 사실은 개개인에게 모두 다른 의미를 가지고 있습니다. 이런 이유로 우리가 서로 대화를 할 때 사실상 정확한 의미 전달은 불가능합니다. 비슷한 의미의 전달로 서로의 경험을 떠올리는 것뿐입니다. 말하자면 언어는 불완전한 소통 수단입니다. 그럼에도 불구하고 인류는 언어 속으로 들어갑니다.

최초의 인간에서 시작된 언어는 시간이 지나면서 늘어납니다. 본래 언어는 우주를 기하학적으로 분할하고 거기에 이름을 붙인 것입니다. 시간, 공간, 사물, 모양, 형태, 움직임 등을 기하학적으로 나눕니다. 그리고 거기에 이름을 붙입니다.

우주는 점점 더 세밀하게 분할되고 언어는 점점 늘어납니다. 언어가 늘어나면서 인류는 실낙원, 에덴의 동쪽으로 들어갑니다.

2   최초의 순간들

어머니의 품속! 당신이 최초로 이 세상에 존재한 곳입니다. 그 품속에서 당신은 어머니와 하나였습니다. 당신은 어머니를 당신 자신과 구분하지 않았습니다. 당신과 어머니는 당신의 인식 속에서 동일체였습니다. 당신의 어머니뿐 아니라 당신의 눈에 보이는 모든 것이 당신 자신이었습니다.

하늘과 땅 그리고 숲과 바다! 앞마당의 해당화와 넝쿨 장미! 당신의 아버지, 언니나 누나, 집에서 기르는 강아지, 베란다에 기르는 선인장!

그 모든 것이 당신 안에서 당신과 하나였습니다. 어떤 갈등도 없었습니다. 그 어떤 분열도 없었습니다. 그 어떤 분노도 없었습니다. 한없는 평화였습니다.

당신이 바라보는 우주, 당신 자신이었습니다. 눈에 보이는 모든 것, 당신 자신이었습니다. 귀에 들리는 모든 것, 당신 자신의 소리였습니다. 밤하늘의 별들, 떠오르는 태양, 뺨을 스치는 산들 바람, 멀리서 들려오는 시냇물 소리, 어머니 가슴의 촉감, 5월의 아카시아 향기, 그 모든 것이 당신 자신이었습니다.

당신은 우주와 하나였습니다. 우주 그 자체이기도

했습니다. 하늘 아래 오직 당신뿐이었습니다. 이 우주에 오직 당신이 있을 뿐이었습니다. 진정 그렇습니다. 온 우주가 다 당신입니다. 누구 다른 사람이 있을 수 없습니다.

당신이 어머니 품속에 있던 어느 날! 엄마가 당신의 이름을 부르십니다.

"잘 잤어? 우리 아가? 우리 아가 예쁘지? 엄마야."

당신은 점차 그 말들을 알아듣기 시작합니다. '엄마야'라는 말을 알아듣게 됩니다. 그리고 엄마를 엄마라고 인식하게 됩니다. '엄마'를 바라보고 있는 '자신'을 인식하게 됩니다. 자기 자신을 자기 자신으로 인식하게 되는 것입니다. 엄마와 한 몸이던 당신이 엄마와 자신을 구분하게 됩니다. 엄마가 생깁니다. 당신이 생깁니다. 당신과 엄마가 분리됩니다.

바로 이 순간! 당신이 바로 낙원을 벗어나는 순간입니다. 실낙원의 순간입니다. 에덴의 동쪽으로 들어서는 순간입니다. 한 몸이던 엄마가 어느 순간 한 몸이 아닌 엄마가 됐습니다. 엄마와 한 몸이던 이 몸이 엄마로부터 떨어져 나온 몸이 된 것입니다. 이 떨어져 나온 몸이 '나'가 됩니다. 이제부터는 이 '나'가 세상을 인식하게 됩니다.

엄마 다음에는 '아빠'가 생깁니다. 아빠를 아빠라고 인식하게 된 것입니다. 그리고 그다음에는 형, 누나, 언니! 할아버지 할머니! 이모 고모! 당신은 당신이 인식하는 대상들에게 이름을 붙이게 됩니다.

하늘과 산과 바다와 꽃! 산은 산이 되고 물은 물이 됩니다. 앞마당의 장미는 장미라는 이름을 가지게 됐습니다. 코스모스는 코스모스가 되었습니다. 장미와 코스모스는 꽃이 되었습니다. 또 감나무와 팥배나무는 숲이 됐습니다. 그 모든 것에 이름이 붙었습니다. 그것들을 바라보는 '나'가 생겼습니다.

'나'는 '나'가 되었습니다. 세상과 구별되는 '나'가 된 것입니다. '나'는 점점 더 확실한 모습을 띠게 됩니다. 더 단단해집니다. 더 확장됩니다. 정치적인 '나', 경제적인 '나', 지역적인 '나.' 이런 나, 저런 나, 이것도 아니고 저것도 아닌 나!

학교에 가면서 더 많은 이름들을 배우게 됐습니다. 철수와 영희 그리고 바둑이! 더하기 빼기 곱하기 나누기. 방정식, 미분, 적분. 정치와 경제 그리고 민주주의. 이윤, 분배, 주식. 신과 해탈 등등 무수히 많은 이름들을 배우게 됩니다.

그 이름들은 이분법으로 만들어져 있습니다. 대립하는 쌍으로 만들어져 있습니다. 남성과 여성, 진보와 보수, 청년과 노인, 저소득층과 고소득층, 장애인과 비장애인, 자본주의와 공산주의, 성장과 분배, 대결하는 이름들이 점점 많아집니다.

'당신'은 그중의 어느 한 이름에 속하게 됩니다. 때로는 당신의 의지와 상관 없이, 때로는 당신의 의지에 따라 어떤 이름들에 속하게 됩니다. 그 이름들을 당신은 당신 자신으로 받아들입니다. 그 이름을 당신 자신으로 인식합니다. 이름들이 당신 자신이 됩니다. 그 이름들의 집합이 당신 자신이 됩니다. 당신의 정체성이 됩니다.

당신은 자신을 여성으로, 한국 사람으로, 강원도 태생으로, 34세로, 디자이너로, 정치적으로는 진보 성향으로,

경제적으로는 하위 소득자로, 문화적으로는 춤을 즐기는
사람으로 이름 붙입니다. 그렇게 규정하고 자리매김합니다. 그
이름들은 당신이 정한 이름이 아닙니다. 이 이름들은 사실은 이
사회가 부여한 것들입니다. 이미 세상에 존재하던
이름들입니다. 사실은 당신과 필연적인 상관관계가 있는
이름들이 아닙니다. 그럼에도 당신은 밖에서 입력되는 대로 그
이름들을 부를 수밖에 없습니다. 당신은 당신 자신의 이름으로
받아들일 수밖에 없습니다.

당신은 당신의 이름들을 당신 자신으로 받아들입니다.
당신의 정체성으로 받아들입니다. 당신이 이름들을 대신합니다.
이름의 대립을 자신의 대립으로 받아들입니다. 대립적인 이름이
자신의 것이 됩니다.

대립이 심해지면서 충돌로 발전합니다. 이름의 충돌이
사람의 충돌이 됩니다. 사람의 충돌이 집단의 충돌이 됩니다.
집단의 충돌은 거대 집단의 충돌, 국가의 충돌, 전쟁으로
발전합니다. 서로 죽고 죽입니다. 증오가 증폭되고 또
증폭됩니다. 엄청난 사람들이 죽이고 죽습니다.

3 존엄의 흔적들

최초의 인간은 자신이 '유한한' 존재라는 것을 알게 됩니다.
자신을 '유한한' 존재로 인식하게 됩니다. 생을 이어가는 육체적
존재로서 머지않아 죽음을 맞이하게 되는 존재라는 것을 알게

되는 것입니다.

동료와 가족의 죽음을 보고 자신의 죽음을 유추합니다.
존재의 상실을 목격하는 것입니다. 존재의 상실은 최초의
인간에게 두려움을 일으키게 됩니다. 이 두려움은 존재가
계속되기를 원하는 마음을 일으키게 됩니다.

최초의 인간은 존재가 지속되기를 원합니다. 존재가 영원히
존재하기를 원합니다. 존재는 존재가 중단되기를 원치
않습니다. 존재가 중단되는 것을 두려워합니다. 그래서 존재의
소멸에 대한 저항이 생기게 됩니다. 그러나 그럼에도 불구하고
최초의 인간의 존재는 중단됩니다. 삶을 마감하게 되는
것입니다. 그가 삶을 마감한 후에도 그의 존재에 대한 집착은
계속됩니다.

존재에 대한 집착이 구체적으로 드러난 흔적이 있습니다.
바로 무덤입니다. 인류의 역사에서 자주 드러나는 존엄의
모습은 '무덤'입니다. 당신은 할머니 할아버지 아니면 부모님의
무덤을 만들어본 적이 있으신가요? 혹시 한겨울은
아니었는지요? 아니면 장마철은 아니었나요? 아주 애를 쓴
기억이 있으신가요? 힘들었던 기억이 있으신가요?

당신께 질문 드립니다. 왜 무덤을 만드셨습니까? 왜 그렇게
애를 쓰셨나요? 인간은 죽은 가족과 동료를 왜 땅에 묻을까요?
무덤을 만드는 일은 아주 비합리적인 일입니다. 피곤한
일입니다. 비경제적입니다. 비효율적입니다. 돈도 들고 시간도
들고 노력이 들어가는 일입니다. 그런데 왜 당신은 무덤을
만드십니까? 도대체 왜? 그냥 내버려 두면 될 텐데! 짐승들이

먹거나 부패해서 사라질 텐데! 그것이 합리적인 데! 왜 그럴까요?

당신은 답을 이미 알고 있습니다. 죽은 후의 모습을 남들에게 보이는 것이 싫기 때문입니다. 당신이 부패해서 썩는 것을 남들에게 보여주기 싫기 때문입니다. 짐승들이 당신을 먹는 것이 싫기 때문입니다. 구더기의 먹이가 되는 것을 받아들일 수가 없기 때문입니다.

그런데 사실 따져보면 죽은 뒤에 무슨 상관입니까? 시체가 된 추한 모습을 남들이 보게 된들! 늑대가 뜯어 먹든 독수리가 먹든 무슨 상관입니까? 구더기들의 먹이가 된들! 죽은 뒤에는 알지도 못하는데! 그러나 당신은 당신이 죽은 뒤에도 당신의 육체가 짐승의 먹이가 되는 것을 참을 수 없습니다. 구더기가 끓는 모습이 되는 것을 받아들일 수가 없습니다. 존엄한 모습이 아니니까요! 무덤은 다른 한편에서는 다른 존재들의 인식 속에 자신의 존재를 각인시키고 싶은 욕망의 표현이기도 합니다. 다른 사람의 기억 속에서라도 존재하고 싶은 것입니다.

그는 살아 있을 때도 자신의 존재를 남들에게 인식시키고 싶어 하는 욕망을 가지고 있었습니다. 존재가 자신의 존재를 남들로부터 인정받고 싶어 하게 되는 것입니다. '내가 여기 있다'고 말하고 싶어 합니다. 자신이 존재한다는 것을 다른 사람들에게 알리고 싶어 합니다. 다른 사람의 기억 속에 남아 있기를 원하는 것입니다. 그래서 유명해지기 위한 노력이 시작됩니다. 남들로부터 인정을 받기 위한 투쟁이 생겨납니다. 남들이 알아주기를 바라는 투쟁이 생겨납니다.

최초의 인간의 '존재에 대한 존중'을 요구하는 노력은 살아서도 죽어서도 계속됩니다. '존재에 대한 존중', '존재에 대한 예의', '존재의 지속성에 대한 염원.' 최초의 인간은 그 뿌리를 잊지 않고 있었습니다. 자신이 떠나온 고향, 즉 '인간 존엄'을 잊지 않고 있었습니다.

존엄의 느낌이 인류의 모든 정신 현상의 뿌리라고 말씀 드립니다. 존엄의 느낌에서 죽음에 대한 애도가 나왔습니다. 장례식이 나오고 무덤이 나왔습니다. 존엄을 해친 상대에 대한 복수심도 나왔습니다. 존엄에서 패기도 나왔습니다. 존엄에서 정의감도 나왔습니다.

당신이 귀한 존재라는 사실은 처음에는 막연한 느낌이었습니다. 그 느낌은 점점 또렷해집니다. 점차 형체를 가지게 됩니다. 확신으로 발전합니다. 그리고 정확한 표현으로 등장합니다.

'인간의 존엄, 인간은 존엄한 존재다!'

그리고 이 표현은 생각으로 자리 잡았습니다. 말로 표현되고 글로 기록됐습니다. 그리고 퍼져나갔습니다. 그 존엄은 점차 널리 표현되고 성장했습니다. 이 세상에 그 존엄을 구현하려는 노력이 시작됩니다. 존엄의 정치가 나오고 존엄의 경제가 나왔습니다. 존엄에서 민주주의가 발전했습니다. 존엄에서 복지국가가 나왔습니다. 존엄은 성장해왔고 지금도 성장하고 있습니다. 느리지만 꾸준히 천천히 또 중단 없이! 그러나 아직은 턱없이 부족합니다.

'인간의 존엄'은 인류가 발견한 최고의 발견입니다. 귀한 발명품입니다. 극적인 만남이기도 합니다. 인간의 존엄은 인류가 가질 수 있는 가장 고귀한 사상입니다. 절대정신에 가장 가까이 있는 정신입니다. 인간이 발전시킨 그 어떤 사상들도 '인간이 존엄한 존재라는 생각만큼 고귀한 것은 없습니다.

'인간의 존엄'이라는 구절은 그 자체로 큰 힘을 가지고 있습니다. '당신이 귀하다'는 말만으로도 큰 힘이 됩니다. 그런 언어가 존재한다는 사실만으로도 인류에게는 큰 행운입니다. 인간의 존엄은 인류가 성숙의 길로 가는 원동력입니다.

인간의 존엄이라는 사고는 더 널리 퍼져야 합니다. 더 체계화되고 더 확산돼야 합니다. 우리 마음속에 깊이 뿌리 내려야 합니다. 당신의 마음속에 단단하게 자리 잡아야 합니다. 저도 더 다짐하겠습니다. 많은 사람들에게 이 생각이 확고하게 뿌리 내리면 인간 사회도 '인간의 존엄'이라는 철학에 따라 재구성되지 않겠습니까?

2부   인간 존엄의 역사

1장   인간 존엄의 희미한 탄생

1   종속에서 독립으로

인간이 귀하다는 말은 무슨 뜻일까? 존엄이라는 말은 무슨
뜻일까? 그렇습니다. 정확하게 규정하기가 어렵습니다.
추상적이고 그 모습이 없습니다. 그럼에도 불구하고 당신은
이미 알고 있습니다. 당신이 태어난 순간부터 이미 알고
있었습니다. 느낌으로 알고 있었습니다. 그 느낌은 점차 생각이
됐습니다. 그리고 말과 글로 정리됐습니다. 밖으로 표현되기
시작했습니다. 말과 글은 점차 체계화됐습니다. 법률과 제도로
발전했습니다.

　이런 과정은 오랜 시간에 걸쳐 이루어졌습니다. 조금씩
조금씩 진행됐습니다. 인류의 역사는 '인간의 존엄'을 확장해온
역사였습니다. '인간의 존엄'을 향한 투쟁의 역사였습니다.
'인간의 존엄'을 이 세상에 실현시켜온 역사였습니다.

　—— 종속된 존재
우리들의 조상들이 이 지구상에 나타났을 때 그들은 막 짐승을

벗어난 수준이었습니다. 조금 진화된 짐승이었습니다. 그들에게
최대의 목표는 먹고사는 일이었습니다. 자연에서 살아남는
일이었습니다. 식량을 구하고 옷을 만들고 잘 자리를 만들고
번식하는 일이 그의 삶의 목표였습니다. 생존을 위해 인간은
집단을 이루게 됩니다.

인간들이 집단을 이루자 이들 사이에서 권력이란 것이
발생합니다. 권력이 발생하는 이유와 과정에 대해서는 여러
이론이 있습니다. 독일의 철학자 헤겔G. W. F. Hegel, 1770~1831은
아주 단순하게 설명합니다. 원시인들이 숲속에서 우연히
마주칩니다. 그들은 서로 싸우게 됩니다. 이 싸움에서 이긴
사람은 주인이 되고 진 사람은 노예가 됩니다.

이 사람들이 싸운 것은 상대편의 소유물을 빼앗기 위한
것이 아닙니다. 정신적인 가치와 승리감을 얻기 위해서입니다.
그리고 이긴 사람과 패한 사람 사이에 권력이 생긴다고
봤습니다. 그래서 이 승리를 위해서 싸움에 나서는 정신을
헤겔은《정신현상학》이란 책에서 패기라고 규정했습니다.
그리고 패기를 인간의 가장 근본적인 특질이며 인간의 역사는
패기의 역사라고 했습니다.

인간이 패기를 보이는 이유가 있습니다. 바로 다른
사람들로부터 선망의 대상이 되고 싶어 하기 때문입니다.
그래서 선망의 대상이 되기 위한 투쟁을 인정 투쟁 또는 인지를
위한 투쟁이라고 합니다. 사람들은 경제적 이득 없이 순수한
위신을 구하는 싸움에 자진해서 생명을 거는 존재입니다.

헤겔이 보기에 인간이 근본적으로 동물과 다른 것은 인간이

물질적인 이익을 얻기 위해서가 아니라 전혀 비물질적인 것을 얻기 위해 싸운다는 점입니다. 그 비물질적인 것이 바로 다른 사람들로부터의 인정, 존경, 긍지, 영광, 자부심, 자존심, 명예입니다. 훈장이나 메달은 이런 정신의 표현입니다. 패한 사람에게는 다른 정신이 발생합니다. 수치심, 분노, 굴욕감입니다. 이렇게 목숨을 건 싸움 그리고 인정을 받기 위한 싸움이 끝나면 권력이 발생합니다. 왕과 귀족과 평민과 노예가 생기는 것입니다.

패기는 종종 모습을 바꿔서 나타납니다. 패기의 현대적 표현 중의 하나가 '정의'입니다. 공공성, 공익, 공공선, 민주주의, 민족주의도 패기의 변형된 드러남입니다. 이렇게 만들어진 권력 관계가 고대에서 중세에 이르기까지 계속됐습니다. 이 기간은 정치적 권위의 기간이었습니다. 인간사의 많은 일들이 정치적 권위, 즉 왕의 결정에 기대어 해결됐습니다. 이런 권위가 극대화되어 절대왕정이 세워졌습니다. 이제 세상은 왕의 소유물이었고 인간의 목숨까지도 왕에게 귀속됐습니다.

오랜 기간 당신은 왕의 소유물이었습니다. 왕이 함부로 죽일 수 있는 존재였습니다. 당신은 귀족들의 노예이기도 했습니다. 심지어 주인이 죽으면 함께 묻히기도 했습니다. 또 당신은 병사라든지 노예라든지 몸종이라든지 하는 용도에 따라 규정지어졌습니다. 당신은 용도이자 도구였습니다. 독립되고 주체적인 '인간'이 아니었던 것입니다. 인간들 스스로가 그렇게 생각하고 있었던 것입니다. 이런 시대가 서구에서는 5세기까지 계속됐습니다.

사람이 신의 소유물이 되기 시작한 것은 중세였습니다. 초기 기독교는 혹독한 탄압의 대상이었습니다. 정치권력과 대립 관계에 있었던 것입니다. 그러나 점차 성장하면서 정치권력과 공존하게 됩니다. 공인되고 함께하게 됐습니다. 그리고 정치권력을 넘어서게 됩니다. 이 시대는 신의 인간에 대한 지배의 시기였습니다. 인간은 신의 명령에 절대 복종하는 존재였습니다. 신성(divinitas)이 권력의 원천이었습니다.

이 기간은 종교적 권위의 시간이었습니다. 인간사가 종교적 관점에서 해석되고 결정됐습니다. 이 기간 당신은 '마녀'가 되고 화형의 대상이 됐습니다. 신들을 섬기기 위해서 전쟁에 동원되기도 했습니다. 6세기부터 14세기까지 계속됐습니다.

— 근대 인간의 탄생

중세를 지나 근대로 넘어오면서 비로소 '인간'이라는 것이 탄생합니다. 참 오래 걸렸습니다. 긴 세월이 필요했습니다. 15세기에 이르러 르네상스 시기에 인간성(humanitas, humanism)이라는 개념이 등장했습니다. '개인·개성'이라는 개념도 함께 등장했습니다. 특히 '천재적·창조적 개인'이 등장했습니다. 대표적인 인물이 미켈란젤로나 다빈치 같은 사람들입니다.

16세기 종교개혁과 함께 신으로부터의 해방이 시작됐습니다. 근대(17~19세기)로 넘어오면서 상업의 발달로 도시상공인이 등장합니다. 시민이라는 이름의 인간들이 등장한 것입니다. 이 근대의 인간은 무엇보다 누구의 소유물이 아니었습니다. 어떤 용도로 쓰이는 인간도 아니었습니다.
이른바 '주체적'인 인간이 탄생한 것입니다. 그 주체성을 갖춘
인간을 움직이는 것은 인간의 내면에 갖춰져 있는 '이성'입니다.
이렇게 근대 철학이 탄생하고 그와 더불어 근대적 인간이
태어납니다.

　　이런 이유로 근대 철학을 '주체 철학(subjective philosophy)'
또는 '자아 철학' 또는 '이성의 철학'이라고 부릅니다. '인간의
탄생'이라고 하기도 합니다. 근대 철학에 의해서 근대적
주체(modern self)와 자아가 형성됩니다. 그리고 이성과 '인간의
존엄'이라는 개념이 발생합니다. 근대 철학을 대표하는 세 명의
철학자가 있습니다. 바로 데카르트, 칸트, 헤겔입니다.

　　근대 철학의 시조로 불리는 데카르트가 제시한 명제를
당신은 잘 알고 있습니다. 바로 '나는 생각한다. 고로 나는
존재한다(Je pense, donc je suis: cogito ergo sum)'라는 유명한
명제입니다. 데카르트는 모든 대상을 의심했습니다. 보이는 것,
들리는 것, 배운 것, 경험한 것, 남들이 얘기하는 것, 모두를
의심했습니다. 그런데 아무리 의심해도 더 의심할 수 없는
대상이 남습니다. 바로 자신의 의심 그 자체입니다. 자신이
의심하고 있다는 그 자체는 의심할 수 없습니다. 동시에
의심하는 자의 '존재'도 의심할 수 없습니다. 그가 바로
'나'입니다.

　　이렇게 해서 '의심하는', '나'의 존재가 입증됐다는 것입니다.
'나'의 존재가 생각을 통해 마련된 것입니다. 생각이 '나'의
존재를 입증하고 있다는 것입니다. '나'라는 존재가 등장하는

순간입니다. 역사적인 순간입니다. 중세가 근대로 바뀌는
순간입니다. 인간이 신의 질곡에서 벗어나는 순간입니다.
신으로부터 벗어난 '나'가 탄생한 것입니다. '나'가 탄생하다니!
'나'라는 사람이 있다니! 이 명제가 철학의 대상을 '신'에서 '나'로
바꿔놨습니다. '자아'가 역사에 등장했습니다. 그리고 생각하는
능력으로서의 이성이 함께 등장했습니다. 자아와 이성이 신의
자리를 대신 차지했습니다.

― 인간의 존엄을 말한 칸트

독일 헌법 1조에 '나타난' 인간의 존엄이라는 철학 사상은
어디에서 왔을까? 칸트Immanuel Kant, 1724~1804의 철학에서
나왔습니다. 1781년 칸트는 《순수이성비판》을 출판했습니다.
이 순간 근대 철학의 서막이 열렸다고 평가되고 있습니다.
그로부터 7년 후인 1789년 프랑스 혁명이 발발합니다. 역시
근대의 서막을 연 정치적인 사건이었습니다.

칸트는 《순수이성비판》에서 책에서 '인간이란
무엇인가?'라고 묻습니다. 그리고 정교하고 치밀한 분석을 통해
답을 찾아 들어갑니다. 칸트가 내놓은 답은 '이성적
존재자로서의 인간'입니다. 사람은 '이성적 존재'라는 것입니다.
그리고 '이성적 존재자로서의 인간'에 대한 증거로서 3가지
질문에 대해 답을 내놓고 있습니다. 이것이 바로 칸트의 3대
비판서인 《순수이성비판》, 《실천이성비판》,
《판단력비판》입니다. 이때 비판이란 '분석'이라는 뜻이라고
합니다.

① 순수이성 —— 당신께서는 당신의 어머니를 어떻게 알아보십니까? 당신의 어떻게 어머니를 어머니라고 아시는 지요? 당신은 어떻게 동그라미를 동그라미라고 알아보십니까? 어떻게 꽃을 꽃이라고 알아보십니까? 어떻게 물방울 떨어지는 소리를 알아들으십니까?

여기 두 자루의 연필이 있습니다. 하나는 당신의 것이고 다른 하나는 동생의 것입니다. 당신의 연필은 새것이어서 동생의 연필보다 더 깁니다. 당신은 당신의 연필이 동생의 연필 보다 더 '길다'는 것을 압니다. 그런데 당신은 당신의 연필이 더 길다는 것을 어떻게 아십니까?

자로 재보고 아시나요? 아닙니다. 당신은 자로 재보지 않고도 당신의 연필이 더 길다는 것을 아십니다. 우리는 어떻게 더 긴 연필을 한눈에 알아낼까요? 이 문제는 매우 중요한 문제라고 합니다. 이 문제는 인간이 어떻게 세계를 인식하는가의 문제이기 때문입니다.

칸트가 내놓은 답은 '그냥 안다'입니다. 당신은 당신의 연필이 더 길다는 것을 '그냥' 아십니다. 답이 조금 싱겁습니다. 그렇지만 사실입니다. 우리는 그냥 압니다. 칸트의 대답은 이렇습니다. '선험적 조건이 있어야 인식이 성립한다.'

무슨 말인지 잘 모르겠습니다. 지극히 단순화하면 연필이 길고 짧은 것을 아는 것은 당신께서 그런 정신의 틀을 가지고 있기 때문이라는 것입니다. 그리고 그 틀을 가지고 태어났다는 것입니다. 당신께서 타고나기를 그렇게 '타고났다'는 것입니다. 강아지는 길고 짧음을 알지 못합니다. 강아지는 그런 정신의 틀을 가지고 태어나지 못했기 때문이라는 것입니다.

그 틀이 바로 '순수이성'이라고 합니다. 당신은 순수이성을 천부적으로 가지고 태어났다는 것입니다. 이런 이유로 칸트의 철학을 선험 철학이라고 한다고 합니다.

② 실천이성 —— 당신은 오늘 하루 일을 무사히 마치고 퇴근길에 나섰습니다. 지하철을 타기 위해 승강장에 서 있습니다. 그런데 어떤 사람이 갑자기 철로 위로 뛰어듭니다. 멀리서 지하철이 들어오는 소리가 들립니다. 당신은 깜짝 놀랍니다. 다음 순간 당신은 그 사람을 구하기 위해 뛰어갑니다. 그리고 철길로 뛰어듭니다. 그 사람을 승강장으로 끌어 올립니다. 달려오던 열차를 가까스로 피해냅니다.

실제로 이런 일들이 자주 있습니다. 어떤 경우에는 구하러 들어간 사람이 다치거나 목숨을 잃는 경우도 있습니다. 그런데 의문이 생깁니다. 당신은 왜 지하철에 떨어진 사람을 구했습니까? 왜 목숨을 걸었습니까? 그가 당신의 가족인가요? 그 사람이 친구인가요? 그 사람을 구하면 돈이 생깁니까?

그렇습니다. 당신이 철길 위로 뛰어드는 행동은 '매우 비합리적' 행동입니다. 당신의 가장 귀중한 가치인 목숨을 잃을 수 있었기 때문입니다. 더 말할 수 없이 위험한 행동이었습니다.

전혀 알지도 못하는 사람을 위해서 그렇게 하다니요. 이렇게 비합리적이고 어리석은 행동을 당신은 왜 하는 겁니까? 도대체 왜 그럴까요?

칸트의 대답은 이렇습니다. '선의지란 그 자체로 선한

것이다. 선의지란 옳은 행위를 오로지 그것이 옳다는 이유에서 행하는 의지다. 행위의 결과나 이익을 고려하는 마음에서 유래하는 것이 아니다.'

지하철에 떨어진 사람을 구하는 당신의 행위는 그것이 옳다는 이유에서 행하는 것입니다. 그리고 그런 선의지를 당신이 가지고 태어났다는 것입니다. 당신이 선한 행위를 할 의지를 당신 안에 천부적으로 가지고 있다는 것입니다.

그것을 '실천이성'이라고 합니다. 당신 안에 실천이성이 존재하는 것입니다. 그래서 위험에 처한 사람을 보면 구하려고 달려가는 것입니다. 부당한 일을 당하는 사람을 보면 도와주려고 하는 것입니다.

③ 판단력 — 당신은 최근에 장례식장에 다녀오신 적이 있으신지요? 물론 있으시겠지요. 장례식장에 가면 어디나 국화꽃이 준비돼 있습니다. 당신은 돌아가신 분에게 국화를 바칩니다. 그런데 의문은 가져본 적은 없으신지요? 당신은 왜 돌아가신 분에게 꽃을 바치시나요? 왜 그러시지요?

돌아가신 분에게 꽃을 바치는 일은 비합리적인 행동입니다. 합리적으로 설명되지 않는 행동입니다. 꽃을 사는 데는 돈이 들고 시간과 노력도 듭니다.

칸트의 대답은 이렇습니다. '미(아름다움)'란 무엇인가? 그것은 대상에게 고유하게 존재하는 존재자의 속성이 아닙니다. 꽃이 아름다운 것은 그 꽃에게 객관적으로 존재하는 꽃의 속성이 아니라는 것입니다. 꽃이 스스로 아름다운 것이 아닙니다. 아름다움은 그것을 바라보는 주관의 내면에서 일어나는 결과물입니다. 즉 아름다움은 꽃을 바라보는 당신의 마음에서 일어나는 것입니다. 이것이 칸트가 생각하는 미에 대한 정의입니다.

칸트는 '미(아름다움)'의 원천은 '도덕성'이라고 봤습니다. 도덕성이 자연과 예술에 투사되면 아름다움이 생기는 것입니다. 따라서 칸트에게 있어 착하지 않은 예술은 없습니다. 착해야 아름다운 것입니다. 그리고 아름다운 것은 착한 것입니다.

칸트에 따르면 인간은 누구나 선천적으로 미를 판단하는 능력을 가지고 태어납니다. 당신이 돌아가신 분에게 꽃을 바치는 것은 돌아가신 분의 선한 삶에 대해 아름다움을 바치는 행위입니다.

④ 칸트 철학의 결론 — 순수이성과 실천이성 그리고 판단력이 인간이 천부적으로 가지고 태어난 이성입니다. 우리는 이 세 개의 이성을 '진선미眞善美'라고 부르고 있습니다. 당신은 진선미를 가지고 있습니다. 당신 안에! 태어날 때부터! 이런 이유로 칸트는 '인간은 존엄한 존재'라는 결론을 내놓습니다. 이것이 칸트의 평생 철학의 최종 결론입니다. 그는 인간을 목적으로 삼을 것을 주문합니다.

"너 자신의 인격이나 다른 사람의 인격을 수단으로 대하지 말고 목적으로 대하라."

칸트가 인간의 존엄을 선언한 순간은 인류가 너무나 오랫동안 기다렸던 순간이었습니다. 위대한 순간입니다.

역사적인 순간이었습니다. 위대한 철학자의 위대한
순간이었습니다. 인간의 가슴속에 오랫동안 머물러 왔던
'인간은 존엄한 존재'라는 느낌과 생각이 칸트라는 철학자를
통해 구체화된 언어로 또 학문의 형태로 체계화되어 이 세상에
모습을 드러낸 순간이었습니다.

"인간은 인간의 의해 단순히 수단으로 사용될 수 없고 항상
동시에 목적으로 사용되어야 하며 바로 거기에 인간의 존엄이
있다."

⑤ 계몽주의 ─ 계몽주의란 근대적 사유를 일컫는
대표적인 용어입니다. 계몽주의에 따르면 인간은 이성을 통해
세계를 이해하고 사유합니다. 그리고 이성에 기초해 인간이
처한 조건을 바꿔나갑니다. 그 결과로 스스로 행복해질 수
있다는 사유 체계가 바로 계몽주의입니다.

칸트는 계몽주의를 인간이 스스로 이성을 행사할 준비가
되어 있는 것이라고 정의했습니다. 계몽주의는 종교적·정치적
권위에 복종하지 않고 인간이 이성의 능력을 통하여 스스로
행복할 수 있다고 보는 인간 이성에 대한 낙관에 기초하고
있습니다. 인간의 이성에 의한 사회 건설이 가능하고 인간을
행복으로 이끌어준다고 생각한 것입니다. 이런 사상이
17세기에서 20세기까지 세계를 지배했습니다.

2 자본주의 vs 공산주의

당신은 이렇게 어렵게 태어났습니다. '나'와 '이성'은 빠르고
강력하게 성장했습니다. 이성에 대한 인류의 희망은 매우
컸습니다. 그러나 결과는 반대였습니다. 칸트의 낙관적 희망도
근거가 없었습니다. 인간의 이성에 대한 믿음은 실망을 넘어
절망으로 전개됐습니다. 이성의 폭력이 인간들을 엄청난 죽음의
소용돌이로 몰아갔습니다. 제1차 세계대전과 제2차 세계대전이
그것이었습니다.

왕들의 시대를 가까스로 벗어나고 신들의 시대를 천신만고
끝에 벗어나 큰 희망 속에 출발한 인간의 시대는 참담한 실패의
시대로 진입했습니다. 두 차례의 세계대전이 끝난 뒤 현대
사회는 자본주의 사회의 번성기로 진입합니다. 자본주의는
인류 역사의 어느 체제보다 강력한 정치·경제·사회 체제로
성장했습니다.

자본주의의 주역은 바로 자본입니다. 때로는 '시장'이라는
이름으로 불리기도 합니다. 이 존재는 너무나 강력해서 누구도
그 힘에서 벗어나기 어렵습니다. 그리고 그 없이는 잠시도
살아갈 수 없습니다. 이미 공기와 물 같은 존재가 됐습니다.
자본주의의 힘으로 인류는 전대미문의 번영을 이뤄냈습니다.

그럼에도 불구하고 시간이 지나면서 돈의 부정적 속성인
무한 증식과 쏠림, 익명성이 지구촌의 심각한 문제로
대두됐습니다. 우리들에게 기후 위기와 빈부 격차라는 해결하기
어려운 난제를 던지고 있습니다.

— 애덤 스미스의 국부론

1776년에 애덤 스미스Adam Smith, 1723~1790가 쓴《국부론(Wealth of Nations)》은 자본주의의 이론적 토대를 제공한 책입니다. 고전학파 경제학의 경제 이론으로 불리는 경제적 자유주의(자유방임주의)를 표방한 최초의 경제학 저서입니다. 원제목은 '국부國富의 성질과 원인에 관한 연구'(An Inquiry into the Nature and Causes of the Wealth of Nations)라고 합니다. 이른바 '보이지 않는 손'으로 유명합니다.

이 책에서 스미스는 부富는 노동으로 발생한다고 밝혔습니다. 부의 원천이 노동이라는 것입니다. 그래서 노동의 생산성이 늘어나면 부가 늘어나는 것입니다. 또 노동 생산성을 높이는 수단은 분업이라고 했습니다. 그는 분업과 이에 수반하는 기계를 도입하기 위해서는 자본의 축적이 필요하다고 주장했습니다. 또 자본 축적은 자유 경쟁에 의해서 이루어지는 것이 국부를 늘리는 길이라고 역설했습니다.

또한 그는 경제 활동을 하는 것이 이기심에서 비롯된다고 주장했습니다. 중세에 이르기까지 서구 사회는 경제 활동을 하는 것은 이기심에서 비롯되며 이는 천한 정신 활동이라는 관점을 가지고 있었습니다. 애덤 스미스는 이 관점을 바꿨습니다. 이기심은 천한 것이 아니라 인간의 행복 실현을 위해 신이 내려준 수단이라고 강조했습니다. 더 나아가 이기심은 비능률, 불합리를 없애는 유일한 요소이며 따라서 국부의 원동력이라고 주장했습니다.

그는 또 자신의 이익을 추구하는 경제인의 주체적 행동이

'보이지 않는 손'에 이끌려 부를 늘리고 생산력을 향상시키는 의도하지 않은 사회적 결과를 가져오게 된다는 것을 밝히려고 했습니다. '보이지 않는 손'은 모든 개인이 각자의 이해에 따라 움직이는 경제 체제를 이끄는 힘으로서 경쟁을 표현한 개념이었습니다.

　　요약하자면 그가 강조한 것은 분업의 확대, 자본의 축적, 이기심에 기초한 경제 활동의 정당성, 보이지 않는 손입니다.

　── 카를 마르크스의 자본론

1867년에 카를 마르크스Karl Marx, 1818~1883의 《자본론》이 출판됩니다. 20세기에 가장 영향력 있는 책이 출판된 것입니다. 마르크스는 이 책에서 당시 유럽의 가장 큰 문제였던 '빈부 격차'를 해결하려고 했습니다. 그는 '능력만큼 일하고 필요한 만큼 소비하는' 이상 사회를 주장했습니다.

　　마르크스는 이 책을 통해 자본주의의 원동력은 노동 소외, 즉 착취라고 주장했습니다. 자본주의는 상품을 만들어서 판매하는 것을 그 본질로 하고 있습니다. 고용주는 상품을 '생산'하는 데 투입된 노동에 해당하는 월급을 노동자에게 주게 됩니다. 고용주는 이렇게 생산된 제품을 시장에 내다 팝니다. 그때 그 값은 생산 가격보다 높습니다. 이윤이 붙어 있기 때문입니다. 그런데 그 이윤은 고용주에게 돌아갑니다. 노동자는 이 이익을 나눠 갖지 못합니다.

　　이것이 마르크스의 이론의 핵심입니다. 이를 마르크스는 '노동의 소외'라고 불렀습니다. 이런 구조는 자본주의에 본질적이고 영속적인 구조이며 동시에 자본주의의 모순이라고 주장했습니다. 그 해결 방법으로 마르크스는 사유재산을 없애야 한다고 주장했습니다.

마르크스의 사상은 1848년에 프리드리히 엥겔스Friedrich Engels, 1820~1895와 함께 발표한 《공산당 선언》에서도 명확하게 표현되어 있습니다. 그는 '가장 선진화된 나라에서 다음과 같은 것들이 일반화될 것'이라고 말했습니다.

1. 모든 토지를 몰수하고 모든 지대地代를 국고에서 지급
2. 누진세의 세율을 인상
3. 상속권의 전면 폐지
4. 망명자들과 반역자들의 재산 몰수
5. 시장을 국가가 독점, 국가 신용을 국립 은행에 집중시킴
6. 운송 수단의 국유화
7. 국영 공장의 확대, 공동 계획에 따른 토지 개간
8. 모두에게 평등한 노동 의무를 부과, 산업과 농업을 위한 군대 육성
9. 농업과 공업을 통합, 도시와 농촌 사이의 격차 해소
10. 모든 아동에 대한 사회적 무상 교육, 아동들의 공장 노동을 폐지, 교육활동과 생산 노동을 결합

애덤 스미스의 《국부론》과 카를 마르크스의 《자본론》은 경제 이론의 양극단, 대척점에 서 있는 저작들입니다. 자본주의와 공산주의의 대립을 대신하는 책들이기도 합니다.

지금은 공산주의가 사멸함으로써 대결이 끝난 상태이지만 이 두 저술이 20세기의 냉전 대립을 대변한 사고 체계들이었습니다. 이 극단적으로 대립되는 이론에서 공통되는 점이 한 가지 있습니다. 바로 경제를 발전시키는 원동력은 '인간' 또는 '노동'이라는 점입니다.

마르크스에 의하면 우리가 어떤 물건을 생산한다고 할 때 여러 요소들이 투입됩니다. 토지, 자본, 기술, 노동 등입니다. 이 중에서 이익을 발생시키는 것은 토지나 자본, 기술이 아니라 바로 '노동'이라는 것입니다. 토지의 가격이 높아지거나 자본의 이익이 늘어나거나 새 기술의 부가가치가 늘어나는 것도 인간-사람-노동이 투여된 결과라는 것입니다. 예를 들어 어떤 땅의 값이 갑자기 뜁니다. 이때 그 땅의 생산성이 높아진 것이 아닙니다. 땅은 그대로입니다. 그런데 그곳에 아파트 단지를 짓는다는 계획, 즉 '사람'의 계획과 의사 결정이 투입된 결과로 가격이 높아지는 것입니다. 마르크스는 이런 식으로 사람에 의해서만 잉여 이익이 발생한다고 봤습니다.

애덤 스미스의 관점에서 이익이 발생하는 것은 '분업'을 통해서입니다. 분업을 통해서 '생산성이 향상'됩니다. 생산성의 향상을 통해 이익이 발생한다는 것입니다.

두 사람에게 문제는 '인간-사람-노동'입니다. 두 사람의 관점에서 보면 빈부 격차의 원인도 드러납니다. 애덤 스미스의 관점에서 보면 분업으로 생긴 이익이 제대로 분배되지 못하는 것입니다. 마르크스의 관점에서 보면 상품을 팔아서 생긴 이윤이 노동자에게 제대로 분배하는 것입니다.

경제학의 역사에서 많은 이론들이 명멸했습니다. 슘페터 학파, 케인즈 학파, 미시 경제학, 거시 경제학, 실증 경제학, 규범 경제학 등등 수많은 경제 이론들이 있었습니다.

언제나 최종적인 귀결점은 사람입니다. 경제의 핵심은 '사람'입니다. 사람이 경제의 주체이자 주역입니다. 생산의 주체도 사람이고 소비의 주체도 사람입니다. 자본주의가 성장한 것도 빈부 격차가 생긴 것도 그 원인은 모두 '사람'입니다.

문제는 자본주의가 사람을 이탈했다는 것입니다. 말 그대로 '자본' 중심주의로 변질됐다는 것입니다. 자본주의의 부정적 속성인 무한증식과 익명성을 통제하지 못했다는 것입니다. 사람을 중심이 아닌 주변으로 종속시키고 소외시켰다는 점입니다.

3 히틀러와
쾰른 기본 강령

1929년 세계는 대공황을 겪습니다. 전 세계의 경제가 붕괴됩니다. 길거리에는 실업자들이 넘쳐납니다. 독일에서는 실업자들이 거리에 넘쳐났습니다. 600여만 명이나 됐습니다. 사회는 불안하고 정치는 혼란스러웠습니다. 그로부터 4년 뒤인 1933년 나치가 집권을 합니다. 히틀러는 집권 후에 독재 체제를 완성하고 제2차 세계대전을 일으킵니다. 전 세계가 참혹한 전쟁 속으로 휩쓸려 들어갑니다.

상상하기 힘든 고통과 절망과 좌절과 분노와 모멸감!
인류가 차마 겪기 힘든 야만성과 부정성들이 한꺼번에
분출합니다. 인간이 인간 이하로 전락했습니다. 히틀러는 12년
만에 패망합니다.

— 쾰른 기본 강령
나치가 패망한 뒤 독일에서는 반성이 일어납니다. 나치와 같은
정치 세력이 생기고 전 세계에 엄청난 고통을 안긴 것은 그것을
막지 못한 자신들의 책임이 크다고 생각한 사람들이 쾰른에
모였습니다. 양심이 목소리들이 모였습니다. 다시는 같은 일이
반복돼서는 안 된다는 책임의식이 제기됩니다. 그리고 그런
양심과 책임의식이 제도화되어야 한다는 결의를 합니다.
사람들은 자신들의 결의를 강령으로 발표합니다. 바로 '쾰른
기본 강령'입니다.

저는 이 강령을 처음 읽으면서 울었습니다. 이 강령을 처음
번역하신 교수님도 이 글을 번역하면서 울었다고
말씀하시더군요.

쾰른 기본 강령

"사회 정의가 실현되는 사회적인 삶은 국민공동체의 유지를
보장한다. 이러한 국민공동체는 하나님이 부여한 인간 개인의
자유를 보장하고 공공복지의 요구를 충족시킨다. 그리하여
우리는 인간의 존재에 근본적으로 배치되는 변조된

집단주의와는 차별되는 진정한 기독교적 사회주의를
지향한다. 우리의 확고한 의지는 기독교적 자연법 정신과
독일의 과거 역사에 존재한 전통에 부합하는 사회적 질서를
확립하는 것이다.

실존하는 하느님을 믿는 우리는 사회적 질서와 공동체를 위한
유일하고 진정한 지주인 그의 계명에 복종한다. 이 막중한
과업을 시작하면서 우리는 전쟁터와 도시와 농촌의 폐허
속에서 죽어간 이들을 생각한다. 우리는 경외심을 갖고 기독
신앙의 피의 증인들과 나치에 희생된 시민의 자유 앞에 머리를
숙인다. 우리는 이 죽은 자들의 정신 속에서 우리의 총력을
기울여 독일 국민에 봉사할 것을 맹세한다. 이에 우리
기독민주주의자들은 단합하여 조국의 재건을 위해 다음과
같은 원칙을 결의한다.

(1) 인간의 정신적인 존엄은 인정된다. 인간은 공동체의 단순한
일부분이 아니라 스스로 책임지는 인격체로 평가되어야 한다.
(2) 가정은 사회생활 질서의 기초이다. 가정의 활동공간은
신성하다. 가정은 선천적으로 국가의 특별한 보호를 받는 그의
독특한 권리를 갖고 있다.
(3) 정의의 실현은 국가의 기본 역할이다. 법치국가는
재건설되어야 한다. 재판권은 독립적이고 자유스러워야 한다.
그의 유일한 기준은 만민에 평등한 법이다.
(4) 모든 독일인은 현존하는 법의 범위 안에서 그들의 의사를

말과 글로 자유롭게 표현할 권리를 갖는다. 단체 조직과
집회는 보장된다.

(5) 모든 종교적 신념은 공공연히 자유롭게 표현할 수 있다.

(6) 자녀 교육에 대한 부모의 고유 권한은 학교 교육의 기초가
된다. 이는 국가로부터 승인된 종교단체의 신앙교육이 정규
교과과목으로 되어 있는 기독 공동체 학교에서와 같이
보장된다.

(7) 문화적 창조는 국가의 강요로부터 벗어나야 한다. 그의
기초는 독일기독교와 서양의 전통에 근거한다. 어떠한 종류의
종족 숭배 사상도 배제되어야 한다.

(8) 중앙집권주의는 반독일적인 것으로 거부된다. 독일 국가는
자치적이고 자유스런 연방들로 구성된다. 이들의 연합은
자유연방공화국 형태로 이루어진다.

(9) 주의 조직과 지방의 전통적인 독일 자치행정체제는
재건되어야 한다. 국가 행정은 단순화하여야 한다.

(10) 사유재산권은 보장되어야한다. 사유재산 관계는
사회정의와 공공복지의 요구에 의하여 그 질서가 부여되어야
한다. 공정한 자산의 조정과 사회적 임금 편성을 통하여
무소유자에게도 사유재산이 가능하게 되어야 한다. 공공
자산은 일반 복지의 요구에 상응하게 확대되어야 한다. 우편과
철도, 석탄 산업과 에너지 생산 산업은 원칙적으로 공공
서비스의 소관이다. 은행과 보험제도는 국가의 통제 하에
있어야 한다.

(11) 국가의 경제 정책의 목표는 자주적이고 물질적인

자치경영을 기초로 하여 국민의 필요를 충족시키는 것이다.
사기업의 독점, 대자본과 재벌의 패권적 지위는 철폐된다.
사적인 사업의욕과 자기 책임하의 사업 운영은 지속된다.
중소기업은 촉진되고 확장된다.

(12) 인간의 노동은 단순한 상품이 아니라 도덕적인
성취능력으로 평가받아야 한다. 대단위로 조직된 노동
공급과정에서 독일인들의 생활공간 건설에는 노동할 의사를
갖고 있는 모든 사람들의 참여가 가능하여야 한다. 임금과
노동조건은 임금협약으로 규정된다. 성인 노동자는 한 가정을
이루고 그리고 그 가정을 유지할 수 있는 임금을 받을 권리가
있다. 사회보장제도는 지속적으로 유지된다. 노동조합의
재건과 기타 직업 단체의 조직은 보장된다.

(13) 활성화된 농업계층의 존재는 건강한 국민생활의 기본
토대이다. 농업 생산의 모든 분야에 대한 계획적인 진흥을
통하여 생산성을 높이고 국민의 식량공급을 보장한다. 집단
정착을 통한 자영농장과 소규모 농장의 숫자를 증가 시킨다.

(14) 수공업은 근대화된 산업, 농업, 그리고 상업과 병행하여
자립적이고 동동한 직업이다. 수공업의 협동조합은 촉진된다.
수공업의 자치운영은 유지된다.

(15) 히틀러 정권의 대재앙에 의하여 특히 대규모로 증가된
채무는 사회적 입장에 따라 정당하게 분배되어야 한다. 전쟁에
의한 손해는 전 국민에게 공동의 부담으로 하여야 한다.
이러한 부담은 오로지 개인의 재산과 소득을 기준으로 하여
조정되어야 한다. 전쟁과 전쟁의 장기화 책임자는

손해보상에서 제외된다. 나치 정권의 경제 성장기나 전쟁에 의해 얻은 이익은 특별세의 적용을 받는다.

(16) 파괴된 도시와 농촌들은 재건된다. 현존의 주거 공간은 통제 관리된다. 대규모 건설 계획을 통하여 생활공간을 확장한다. 대도시들은 활성화된 외곽 주거지역의 건설로 생활환경을 개선한다. 개인주택의 건설은 촉진되면 단순 획일적인 임시 주거 형태의 건물 건축은 기피되어야 한다.

(17) 공동생활의 모든 형태는 민주적으로 이루어진다. 민주주의의 오용 특히 비민주적인 목표설정은 관용되지 않는다. 국가는 스스로 보호하며 그의 모든 시설들은 국가에 규정된 모든 수단으로 보호된다.

(18) 의회의원은 보통, 평등, 비밀, 그리고 직접 선거권에 의하여 선출된다.

(19) 공공생활과 모든 경제 활동은 부정적인 요소로부터 깨끗하게 되어야 한다. 신뢰할 수 있고 국가에 충성된 직업 공무원제도는 재구축된다.

(20) 독일 외교정책의 기초는 다른 민족을 존중하고 조약들을 성실히 지키는 것이다. 폭력과 전쟁의 정치는 우리 자신들의 조국에 대한 범죄일 뿐 아니라 인류에 대한 범죄이다. 독일은 영원한 평화에 대한 전 인류의 갈망을 실현시키는 데 있어서 주도적 역할을 수행하여야 한다.

쾰른 기본 강령의 기본 철학이 바로 '인간의 존엄'입니다. '인간의 존엄'이라는 정신이 나치와 제2차 세계대전 같은 비극과

야만을 막을 수 있다는 결론이었습니다. 인간 한 사람 한 사람을 귀하게 여기고 국가와 국가 기관, 기업과 모든 조직 단체들이 존재하는 목적이 인간의 존엄을 보장하기 위한 것이라는 선언이었습니다.

이는 이전의 헌법, 즉 바이마르공화국 헌법에 대한 반성이자 보완이기도 했습니다. 바이마르헌법은 민주주의를 잘 규정한 모범적인 헌법이었습니다. 그런데 히틀러와 나치는 민주주의 절차에 따라 집권하고 통치했습니다. 그 결과는 나치와 제2차 세계대전이었습니다. 민주주의만으로는 인류의 안녕을 보장하는 데 부족하다는 것이 독일인들의 처절한 경험이었습니다. 민주주의 그 이상이 필요하며 그리고 그것이 인간의 존엄이라는 사상이었던 것입니다.

쾰른 기본 강령이 발표된 순간은 인간의 존엄이라는 철학이 비로소 정치 제도로 그 모습을 드러낸 순간입니다. 저는 이 순간이 인류 역사에서 가장 위대한 순간 중의 하나라고 생각합니다.

— 독일 기본법의 탄생

이 쾰른 기본 강령에 기초해 1945년 독일 기독민주당(CDU)이 창당됩니다. 그로부터 4년 뒤인 1949년에 독일 기본법이 제정됩니다. 이 독일 기본법의 제1조 제1항이 바로 '인간의 존엄'입니다.

인간의 존엄이라는 철학이 처음으로 헌법에 규정된
것입니다. 다소 무미건조하고 단순해 보이는 헌법 조항입니다.
그러나 이 한 조항에는 나치 통치에 대한 처절한 반성과 성찰이
담겨 있습니다. 피와 눈물과 분노와 통곡이 담겨 있습니다.
다시는 그런 일이 발생해서는 안 된다는 강한 결의가 담겨
있습니다. 독일에서는 '인간의 존엄'이 모든 법 규범의 기본
원천입니다.

이 인간의 존엄이라는 독일의 헌법정신은 천천히
퍼져나갑니다. 혹독한 인종차별을 겪었던
남아프리카공화국에서도 헌법 제1장 1조에 이 인간의
존엄이라는 구절을 넣었습니다.

남아프리카공화국의 헌법 제1장 제1조에는 오랜 기간 고통
속에서 고난을 당했던 흑인들의 피와 눈물과 분노와 통곡과
목숨이 담겨 있습니다.

우리 헌법에는 인간의 존엄에 대한 구절이 제10조에 들어가 있습니다.

제10조 모든 국민은 인간으로서의 존엄과 가치를 가지며,

인간의 존엄은 '근본 가치'입니다. 상대적 가치가 아닌 언제나 어디서나 동일하게 적용되는 보편적 가치입니다. 인간의 존엄이라는 표현이 명확해지기까지 인류의 많은 고귀한 선언들이 있었습니다. 1776년 7월 4일의 미국 독립선언문은 이렇게 극적으로 선언하고 있습니다.

"모든 사람은 평등하게 태어났고 조물주는 몇 가지 양도할 수 없는 권리를 부여했으며 그 권리에는 생명과 자유와 행복의 추구가 포함된다. 이 권리를 확보하기 위하여 인류는 정부를 조직했으며 이 정부의 정당한 권력은 인민의 동의로부터 유래한다. 또 어떠한 형태의 정부이든 이러한 목적을 파괴할 때에는 인민은 언제든지 정부를 개혁하거나 폐지할 권리를 가진다."

2장 새로운 문명: 인존 혁명이 필요합니다

1 최후의 인간

'인간의 존엄'이 인류의 제도로 그 형체를 갖춰 모습을 드러낸 것은 제2차 세계대전 이후였습니다. 모순적이게도 인간성이 가장 처절하게 파괴된 이후 그에 대한 반성으로 '인간의 존엄'이 그 모습을 드러내게 됩니다.

　이 문제는 자본주의가 생긴 이후로 반복적으로 인류를 괴롭혀왔습니다. 주기적으로 대공황을 일으키거나 전쟁으로 발전하거나 아니면 금융위기를 일으키거나 만성적인 빈부 격차로 정치적 갈등을 일으키는 원인이 되어왔습니다. 그 과정에서 인류는 전쟁을 통하든 정책을 통하든 어떤 식으로든 그 문제들을 해결해왔습니다.

　그런데 문제가 생겼습니다. 차원이 다른 새로운 문제가 발생한 것입니다. 바로 기후 위기입니다. 자본주의의 문제들이 축적되면서 그것들이 기후 위기라는 새로운 문제로 발전한 것입니다. 기후 위기는 그 이전의 문제들과는 근본적으로 다른 문제입니다. 이 위기는 제1~2차 세계대전이나 대공황 같은 문제를 훨씬 넘어서는 인류 전체의 생존의 문제인 것입니다. 이제 이 문제를 해결하는 것은 현생 인류에게는 생사의 문제가 됐습니다.

당신과 함께 고민해봅니다. 현대 문명은 인류의 생존이 달린 이 문제에 대해 답을 가지고 있지 못합니다. 철학은 인류 문명이 근대의 문을 연 이래 연이어 발생한 이성의 실패에 대해 해답을 내놓지 못했습니다. 아직까지도 답을 제시하지 못하고 있습니다. 이성의 실패를 인정하면서도 그 대안은 무엇인지에 대해 무기력한 모습을 보였습니다. 현대 철학은 기후 변화로 대표되는 인류 전체의 위기에 대해서도 무기력한 모습을 보이고 있습니다.

인류의 진보를 만들어낸 '혁명'들(명예혁명, 프랑스 혁명, 미국 혁명)은 새롭고 혁신적인 사상과 철학으로부터 출발했습니다. 사상과 철학에서 혁명이 시작되는 것입니다. 위대한 사상이 선행하고 위대한 혁명이 그 뒤를 따르는 것입니다.

인류는 한편으로는 가장 번영한 순간을 지나고 있습니다. 또 다른 한편으로는 가장 위험한 순간으로 진입하고 있습니다. 이렇게 극단적인 상황에서 사상과 철학의 목소리는 들리지 않고 있습니다. 현대에 이르러 철학과 사상이 사망했습니다.

당신과 저에게 새로운 생각이 필요한 때라는 것은 틀림없는 사실인 것 같습니다. 생각이 체계화되면 사상이 되고 시대를 뛰어넘으면 철학이 됩니다. 철학이 밖으로 드러나면 행동이 됩니다. 행동이 모이면 혁명이 됩니다. 특히 기후 위기에 대해서는 그 필요성이 시급합니다.

— 지구적 차원의 심각한 위기

혹시 은하수를 본 적이 있으신지요? 은하수를 본 경험이 세대에 따라 많이 다르더군요. 저는 그 점에서만 말한다면 꽤 행복한 세대입니다. 제가 어릴 적에는 은하수가 우리 곁에 아주 가까이 있었습니다. 어느 쾌청한 밤, 집 앞 마당에 누워 있으면 은하수가 눈앞에 펼쳐졌습니다. 수없이 많은 별들로 이루어진 은하수가 바로 눈앞에서 강처럼 흘렀습니다.

별별마다 찬란하게 빛나면서도 눈이 부시지 않았습니다. 따뜻한 찬란함이었습니다. 그래서 은하수 이불을 덮고 잔다고도 했었습니다. 손을 뻗어 별을 딴다고도 했습니다. 별을 따서 이불 속에 숨겨놓는다는 표현도 있었습니다. 별이 쏟아진다는 표현도 했던 것 같습니다.

아름다운 시절이었습니다. 은하수가 가져다준 기억은 수십 년이 지난 지금도 제게 큰 위안입니다. 그런데 인생의 어느 순간부터인가 은하수에 대한 기억이 사라졌습니다. 은하수가 보이지 않기도 했고 제가 보지 않기도 했습니다.

은하수를 보러 공기가 맑은 높은 산에 오르는 분들이 있다는 얘기를 들었습니다. 저도 문득 은하수를 다시 보고 싶다는 생각이 들었습니다. 은하수가 있는 삶을 회복하고 싶다는 생각이 들었습니다. 은하수를 보기 위해서는 청정한 하늘을 만들어야 합니다. 청정한 하늘을 만드는 일은 단순히 하늘을 맑고 투명하게 만드는 일을 넘어서는 일입니다. 기후 위기를 더 이상 진전시키지 않는 매우 중요한 일입니다. 인류의 생사가 걸린 과제입니다.

인류가 지금의 방식대로 살아간다면 종국에는 멸망할 수 있다는 것은 '과학적인 사실'의 영역에 속합니다. 확실성의 범주 안에 있다고 말할 수 있을 것입니다. 무서운 일입니다. 지구적 차원에서 기후 위기가 심각하게 진행되고 있고, 이로 인해 전염병의 창궐, 지진·산불·태풍·홍수·가뭄과 같은 자연재해가 끊임없이 발생하고 있습니다.

기후 위기가 심각하게 진행된 지는 이미 오래됐습니다. 위기를 경고하는 목소리는 너무나 많습니다. 오래되기도 했습니다. 그럼에도 인류는 경로를 바꾸지 못하고 있습니다. 인류는 거대한 체제의 관성 속에 있습니다. 그 관성은 너무 거대해서 멈출 수가 없는 것입니다.

최후의 인간은 기후 변화를 비롯해 인류의 위기와 마주하는 인간입니다. 어느 날 문득 자신을 돌아보니 엄청난 위기 속에 있는 인간입니다.

전 세계를 휩쓸고 있는 코로나19 위기 속에서 저는 최후의 인간의 모습을 목격했습니다. 코로나19가 발생한 뒤 뉴욕 브롱크스 동쪽 인근 하트아일랜드Heart Island의 공동묘지에 누구인지 신원이 확인되지도 않은 채 집단으로 시신들이 묻히는 장면, 방호복에 싸인 시신들이 냉동 트럭에 열 지어 있는 장면, 병원 영안실이 모자라 호텔 방에 코로나19 희생자들의 시신이 쌓여 있는 장면이 TV를 통해 전해졌습니다. 인도에서도 역시 코로나19 희생자들이 장작불 위에서 화장되는 모습이 방영됐습니다.

그 참혹한 모습에 큰 충격을 받았습니다. 이 장면들은

인류의 자존심에 지금까지 겪어보지 못한 상처를 남겼습니다. 집단으로 묻히는 인간의 모습은 마치 구제역에 걸려 집단으로 매장되는 소들과 크게 다르지 않아 보였습니다. 아프리카 돼지 열병에 감염돼 포클레인으로 땅에 묻히는 돼지와도 크게 다르지 않아 보였습니다. 받아들이기 힘든 장면이 아닐 수 없었습니다.

그렇습니다. 이 장면들을 당신도 저도 받아들일 수 없습니다. 그 이유는 그것이 인간의 존엄과 도저히 양립할 수 없는 장면이기 때문입니다. 어떻게 우리에게 저런 일이 있을 수 있지? 도저히 받아들일 수 없는데…. 그렇습니다. 너무나 자존심이 상하는 장면입니다.

지금의 인류는 역사상 가장 화려한 문명을 구가하는 그런 인류입니다. 말 그대로 찬란한 문명을 만든 당사자들이자 주인공들입니다. 그 문명의 주인공들이 자신들의 최소한의 존엄성도 유지하지 못하다니!

— 어떤 최후의 인간이 등장할 것인가

최후의 인간의 모습은 이제 시작일지 모릅니다. 1826년 2월, 메리 셸리라는 작가가 영국에서 21세기를 무대로 한 장편 소설을 출판했습니다. 제목이 《최후의 인간(The Last Man)》인 책의 줄거리는 다음과 같습니다.

2073년 영국에 갑작스럽게 전염병이 퍼집니다. 주인공은 전염병으로 황폐해진 영국을 떠나 다른 곳으로 피신합니다. 하지만 어느 곳이든 전염병을 피할 수 있는 곳은 없습니다.

사람들은 살아남을 희망을 포기하고 죽음을 기다립니다. 죽음 앞에서 광기와 본성을 드러내기도 합니다. 주인공은 살아남습니다. 최후의 인간이 된 것입니다. 그녀는 혼자 살아남은 아픔을 소설로 그려냅니다.

우리 모두가 죽어가는 것은 아니었다. 실제로 인류의 수는 엄청나게 감소했지만 여전히 명맥을 이어가고 있었다. 이 엄청난 역병은 몇 년 내에 인류 역사를 송두리째 바꿔놓을 것이다. 전례가 없는 엄청난 영향력을 끼칠 것이 명백했다. 이대로 놔둘 수는 없었다. 무슨 수를 써서라도 역병을 막아내야만 했다. 역병이 수천 아니 수만 명을 더 학살하기 전에, 인류가 역병의 지독한 장난으로 말살되기 전에 우리는 조치를 취해야 했다.

사람의 목숨이 이제 진정한 값어치를 가지게 되었다. 한 사람의 생명은 소위 왕들이 지녔던 보물보다 소중했다. 한 인간의 생각이 깃든 얼굴을 보라. 이 우아한 육신과 장엄한 얼굴, 놀라운 생명의 신비를 보라. 신이 만들어낸 최고의 작품이 부서진 배처럼 한편으로 밀려나서는 안 된다. 인류는 지켜져야 한다.

전염병이 만들어낸 인류의 대규모 죽음 속에서 홀로 남은 최후의 인간이 '인간의 소중함과 생명의 신비'를 각성하는 장면입니다.

'최후의 인간'이란 말을 쓴 사람이 또 있습니다. 바로 니체Friedrich Wilhelm Nietzsche, 1844~1900입니다. 그가 이 말을 처음 썼다고 합니다. 니체는 만약 역사의 끝이 있다면, 그 끝을 사는 인간은 최후의 인간일 것이라고 말했습니다.

니체에게 최후의 인간은 현재의 상태를 극복하기 위해 노력하지 않는 사람입니다. 그는 창조적 사랑과 창조적 상상력 그리고 그 자신을 넘어서는 어떤 것에 대한 열망이 없는 사람입니다. 최후의 인간은 현재 자신이 가진 소소한 즐거움과 존재의 안락에 만족하는 사람입니다. 그는 약간의 따뜻함과 약간의 이웃들을 원하고 적당한 양의 일을 하여 적지도 많지도 않은 돈을 벌고 병에 걸리지 않고 기분 좋아질 만큼의 적당한 쾌락을 누리고자 합니다. 자기 자신이 편안하고 안정된 상태가 되면 다른 어떤 것도 필요 없다고 생각합니다. 차라투스트라가 사람들에게 현재의 상태를 극복하려 하지 않는 최후의 인간에 대해 경멸을 담아 연설하자 사람들은 제발 나를 최후의 인간으로 만들어달라고 외칩니다.

최후의 인간과 반대편에 서 있는 자가 바로 '초인(Übermensch)'입니다. 자신을 넘어서기 위해서라면 그 어떤 고통도 더 나아가 죽음까지도 마다하지 않는 사람입니다. 그뿐 아니라 그 고통을 즐기기까지 하는 자입니다. 니체는 나폴레옹을 초인이라고 불렀습니다.

니체에 의하면 최후의 인간들이 가진 심성이 노예의 심성입니다. 이들은 모두가 평등한 사회, 즉 모두가 노예가 되는 사회를 만들려고 합니다. 니체는 그 사회가 이미 실현되었다고 믿었습니다. 이를 '민주주의'라고 불렀습니다. 노예의 도덕과 최후의 인간이 세상을 지배하는 약해 빠진 민주주의 사회를 만들어낸 핵심적 정신이 종교라고 니체는 생각했습니다. 최후의 인간은 승리한 노예의 다른 말입니다. 니체는 19세기 유럽의 민주주의와 부르주아적 속물성을 보며 '역사의 종말'이 왔다고 여기고, 그 시대를 살아가는 사람들을 '최후의 인간'이라고 생각했습니다.

'최후의 인간'을 다시 불러낸 것은 프랜시스 후쿠야마Francis Fukuyama, 1952~라는 학자였습니다. 그는 네오콘neocon으로 분류되는 사람이었습니다. 1992년 발행된 《역사의 종말(The End of History and the Last Man)》이란 책에서 그는 '자본주의'가 인류 역사의 절정인 동시에 종착점이라고 주장했습니다.

그가 역사의 종말로 보는 시점은 1990년대 초반이었습니다. 1990년 10월 3일, 베를린 장벽이 붕괴됐습니다. 1922년에 건국된 소비에트 연방(소련)이 건국 74년 만인 1991년에 해체됐습니다. 동유럽의 독립과 자본주의로의 편입이 진행되는 시기이기도 했습니다. 프랜시스 후쿠야마는 공산주의라는 거대한 역사적 실험이 드디어 폐지되고 이제 '정치적 자유주의와 민주주의' 그리고 '경제적 자유주의와 자본주의'가 최종적으로 승리를 거뒀다고 단언했습니다. 그야말로 역사가 끝났고 더 이상의 역사는 없다는 것입니다.

후쿠야마에 의하면 고도로 완성된 자본주의와 자유 민주주의 단계에서 출현하는 것이 바로 '최후의 인간'입니다. 그래서 그는 자본주의 이외의 역사는 없다고 단언했습니다.

이 단계에서 인간은 해방을 이룹니다. 해방된 최후의

인간은 어떤 억압도 받지 않고 완전한 자유를 누립니다. 그는 다른 사람을 노예로 삼으려 하지 않습니다. 갈등을 일으키거나 싸움을 할 필요가 없습니다. 신(자연)과도 화해한 존재입니다. 동시에 최후의 인간은 깊은 깨달음을 바탕으로 자기 존재를 확립한 후 보편의 절대정신을 가지고 살기 때문에 고독하면서도 고결한 존재입니다. 그런 점에서 최후의 인간은 역설적으로 인간의 죽음(Death of Man)을 의미하기도 합니다. 후쿠야마는 역사의 종말일 수 있는 자유 민주주의의 권태가 1968년 유럽 혁명에서 보는 시위를 만들어냈다고 합니다.

이 세 가지 최후의 인간 중에서 어떤 인간이 실제로 최후의 인간이 될까요? 세 사람이 본 '역사의 종말'과 '최후의 인간'에 대한 관점은 아직 최종적인 결론에 이르기에는 일러 보입니다. 그러나 지금 진행되는 역사의 진전 상황은 낙관적이기보다는 비관적입니다. 니체나 프랜시스 후쿠야마의 인간보다는 메리 셸리의 최후의 인간이 될 가능성이 높습니다. 역사의 종말과 최후의 인간이 철학적·사상적·문학적 비유가 아닌 말 그대로의 실제 현실이 될 가능성도 열려 있습니다. 전염병이나 다른 종류의 재난에 의해서 최후의 인간을 남기게 될 가능성입니다. 그렇게 돼서는 안 될 일입니다. 문제는 지금부터입니다.

— 문명교체기

많은 학자가 인류가 문명교체기를 맞고 있다고 말합니다. 근본 변화가 일어나고 있는 것입니다. 코로나19 이후에 급격히 늘어난 담론입니다.

문명의 교체는 말 그대로 문명이 바뀌는 변화입니다. 패권교체나 정치혁명 또는 산업혁명 그리고 과학기술 혁명을 넘어서는 큰 변화입니다.

인류는 근대 이전에는 작고 점진적인 변화의 방식으로 수천 년을 살아왔습니다. 그러다가 근대로 들어서면서 정치혁명과 경제혁명을 겪어왔습니다. 이 혁명들이 우리들의 삶을 극적으로 변화시켰습니다. 정치혁명으로는 명예혁명과 프랑스 혁명 그리고 미국 혁명이 있었습니다. 경제혁명은 1차, 2차, 3차 산업혁명이 있었습니다.

이 변화들이 모여서 현대가 만들어졌습니다. 지금 우리들이 살고 있는 시대의 문명입니다. 현대 문명은 인류 역사에서 가장 화려한 문명입니다. 가히 인류 문명의 극성기라고 할 만합니다.

인류의 역사에서 언제부터를 '현대'라고 일컬을지에 대해서는 의견이 분분합니다. 가장 멀리는 산업혁명부터 현대라는 주장이 있습니다. 산업혁명이 일어나면서 잉여 생산과 잉여 이익이 극대화되기 시작했기 때문입니다. 그리고 그로부터 자본이 축적되면서 현대 경제 시스템이 돌아가기 시작됐다는 이론입니다.

제1차 세계대전 이후라는 의견도 있습니다. 제국주의 열강이 몰락하고 식민지에 의한 시장 운영이 중단된 시점입니다. 이때부터 시장경제 시스템에 의해 시장 경제가 돌아가기 시작했다는 주장입니다.

제2차 세계대전을 현대의 기점으로 보는 의견도 많습니다. 공산주의와 자본주의 사이의 냉전이 시작된 시점입니다.

이때부터 인류사에 없었던 자본주의의 급속한발전으로
본격적인 현대화가 시작되었다는 이론입니다.

소련의 패망을 기점으로 보는 의견도 있습니다. 소련이
붕괴된 이후 세계가 자본주의 단일 체제로 통일되고 현대적
정치·경제 구조로 일단락됐기 때문입니다. 이후 세계는
인터넷의 발달, 스마트 폰의 보급, 금융 자본주의의 융성으로
하나의 시장으로 통일됩니다.

당신은 어느 시점에 동의하십니까? 어느 시점을 기점으로
삼든 현대는 폭발적으로 융성했습니다. 문제는 폭발적인 성장과
동시에 그 이면에서 문명의 위기를 키워왔다는 점입니다. 그
위기가 누적되어 표면화되고 있는 것입니다. 그리고 큰 변화를
추동하고 있는 것입니다. 아마도 인류가 유사 이래 겪는 가장 큰
변화일 가능성이 높습니다.

기후 위기가 변화의 근본 원인입니다. 기후 변화를
근본으로 해서 코로나19와 같은 전염병과 각종 재난들이
겉으로 드러난 현상들입니다. 기후 위기가 기저질환이라면
전염병과 지진, 태풍, 산불, 홍수는 겉으로 드러나는
증상들입니다.

이 기후 위기와 재난들이 일으키는 변화를 왜 문명의
교체라고 부를까요? 과거의 변화들과 근본적으로 다르기
때문입니다. 질적·양적으로 다르기 때문입니다.

우선 양적 규모에 있어서 다릅니다. 패권의 교체, 세계
권력의 교체는 그것이 세계적 규모로 일어나기는 하지만
그래도 역시 '부분적'이고 제한적입니다. 세계사적으로 몽골-

네덜란드-대영제국-미국의 패권은 범지구적 패권이지만 그 영향의 범위가 지구에 살고 있는 모든 개인에게 미치는 것은 아니었습니다. 물리적으로 분쟁 지역이나 교역 지역, 식민지 지역, 이주 지역에 한정될 수밖에 없습니다. 세계적 규모의 전쟁인 제1~2차 세계대전들도 마찬가지였습니다.

그런데 지금 진행되는 기후 위기와 전염병, 지진을 비롯한 재난은 그 규모 자체가 다릅니다. 말 그대로 전 지구적이며 동시에 전 인류적입니다. 지구에 살고 있는 어느 누구도 기후 위기와 그로부터 진행되는 재난으로부터 안전하지 못합니다. 따라서 개개인의 삶에 미치는 영향도 매우 크고 또 직접적입니다. 하루하루, 순간순간의 일상생활에 영향을 미칩니다. 그리고 변화시킵니다. 이미 코로나19가 그 변화의 규모와 양상을 입증하고 있습니다. 전 지구적입니다. 그리고 전 세계인이 영향을 받고 있습니다.

또 한 가지 다른 점은 질적 변화입니다. 질적 변화라는 것은 근본적 변화를 의미합니다. 변화를 일으킨 후에 다시 되돌아가지 못한다는 뜻입니다.

지금의 변화가 질적 변화가 되는 이유는 스스로 축적해온 문명의 결과이기 때문입니다. 그 축적의 무게를 감당하지 못한 결과라는 점 때문입니다. 과거의 정치·경제적 혁명들은 인간의 제도인 왕정·신정과 같은 족쇄를 걷어낸 것들이었습니다. 마치 발에 차고 있던 족쇄를 걷어낸 것과 같았습니다. 그래서 변화와 혁명을 거치고 나면 인류는 더 활기차게 성장했습니다. 지금의 변화는 매우 다릅니다. 오히려 지나친 성장과 축적이 무게가

되어 스스로 주저앉는 형국입니다. 따라서 그 변화의 방향도 성장이 아니고 축소가 될 가능성이 높습니다.

21세기 인류의 문명은 최후의 인간을 보게 될지도 모릅니다. 우리가 지금 살아가는 방식대로 살아간다면 말입니다. 낙관의 시대는 종언을 고했습니다.

그렇다고 해서 인류의 삶의 행진이 끝나는 것은 아닙니다. 인류는 새로운 문명을 맞이하게 될 것입니다. 즉 문명의 교체를 맞이하는 것입니다. 이 변화는 말 그대로 세계 권력의 교체나 패권의 교체 그리고 정치혁명, 경제혁명을 넘어서는 '문명'의 교체입니다.

문명 교체의 과정은 매우 험할 것입니다. 문명은 거대한 크기만큼 거대한 관성을 가지고 있습니다. 이 관성은 계속 앞으로 나아가는 힘입니다. 이 힘이 자연스럽게 줄어들어 서서히 멈추게 된다면 다행이지만 그렇지 못하면 기후 위기와 재난, 전쟁과 같은 제동 장치가 작동하게 될 것입니다. 이미 제동 장치의 작동은 시작됐습니다.

문명 교체의 과정에서 전쟁이 있을 수도 있습니다. 인류 역사를 돌이켜보면 세계 패권의 교체기나 정치권력의 혁명기 또는 경제적 혁명기에는 언제나 전쟁이나 세력 간의 충돌의 일어나기 쉬웠습니다. 권력 교체가 일어날 때는 힘과 힘이 충돌하기 때문입니다. 과거 권력과 미래 권력이 부딪치기 마련입니다. 따라서 문명의 교체기에도 마찬가지로 충돌이 있을 가능성이 높습니다.

문명의 교체는 개인들에게도 직접적인 영향을 미칩니다.

이미 당신은 문명 교체의 시작점에 서서 그것을 느끼고 있습니다. 바로 코로나19입니다. 코로나19가 아니더라도 당신은 현대 문명으로 인해 피폐해 있습니다. 제가 그러니까요. 매일매일 주어지는 임무, 직업을 찾기 위한 노력, 실적, 위아래 사람들과의 갈등, 오고 가는 길 위의 피로, 건강을 지키기 위한 노력, 명예를 손상 당하지 않기 위한 방어, 평판을 유지하고자 하는 자기 인내를 평생 지속해왔습니다. 당신께서는 새로운 삶이 필요하다고 느끼실지 모르겠습니다. 당신은 저 멀리 떠오르는 새 문명의 지평을 느끼고 있을지도 모릅니다. 동시에 새 문명을 영접하는 일이 쉽지는 않음을 느끼실 수도 있습니다. 당신께서는 해는 저물고 곧 어두워지려고 하고 있다는 것을 알고 있으실 것입니다. 그렇다고 돌아가기도 쉽지 않습니다. 방법은 없습니다. 앞으로 나아가 새벽을 영접하는 것입니다.

세상을 바꾸는 첫걸음에 나설 때가 됐습니다. 그 첫걸음은 '인간의 존엄'입니다. 다른 모든 가치에 우선해서 '당신'의 존엄을 인식하는 일입니다. 당신 자신의 존엄 그 자체를 인식하는 일입니다. 그리고 우리들의 존엄, 더 나아가 인간 세상 전체의 존엄을 받아들이는 것입니다. 인간의 존엄이 새로운 문명의 새벽을 영접하는 길잡이입니다.

2 인존주의

인류는 오랜 기간 '우리가 어떻게 살아가야 할까?'를 사색해왔습니다. 역사에 나타난 철학과 사상들은 모두 이 문제를 다루고 있습니다. 우리는 어떻게 살아야 하는가? 이 문제는 '어떤 기준을 따라 살아야 하는가?'의 문제입니다. 즉 삶의 규범들을 찾는 문제였습니다.

많은 철학자과 사상가들이 삶의 기준을 찾기 위해 무진 애를 썼습니다. 선과 악의 기준, 진실과 거짓의 기준, 미美 추醜의 기존, 상賞과 벌의 기준, 사람을 판단하는 기준을 찾고자 사색하고 토론했습니다.

그 결과 많은 철학과 사상들이 만들어졌습니다. 그리고 그에 따라 인간 세상의 제도들이 만들어졌습니다. 왕권신수설, 신학, 계몽주의, 실존철학, 공자, 맹자, 스토아 철학, 인식론. 형이상학, 존재론, 공산주의, 자본주의, 정의란 무엇인가? 셀 수 없이 많은 사유와 성찰이 있었습니다.

삶의 기준과 규범은 쉼 없이 만들어졌습니다. 그러나 그 어느 것도 우리 삶의 준거가 되지 못했습니다. 그래서 인간들은 그들이 의존해 살아갈 권위를 만들었습니다. 말하자면 창조해냈습니다. 그리고 그 권위에서 삶의 기준을 찾았습니다. 그중 하나가 왕이었습니다.

왕권신수설王權神受說은 삶의 기준으로 '왕'을 세운 이념이었습니다. 왕권신수설이 만들어낸 제도가 절대왕정입니다. 이 제도에서 왕권은 신으로부터 받은 것입니다. 왕은 신을 대행하는 존재입니다. 왕권신수 국가에서 모든 최종적인 판단은 왕으로부터 나옵니다. 그의 판단이 기준이고 규범입니다. 어떤 사안에 대해 선악에 대한 판단이

갈라지고 갈등을 일으킬 때 그것에 대해 최종적으로
결론내리는 사람은 왕입니다. 왕과 삶의 준거가 되고 최종적인
판정을 해줄 권위가 됐습니다.

왕권을 대신해서 신권이 삶의 기준이 된 시대도
있었습니다. 신이 삶의 권위가 된 신권 국가에서는 최종적인
결정은 신의 대리인이 내렸습니다. 인류는 이렇게 정치적
권위의 시대와 종교적 권위의 시대를 살았습니다. 그러나 이
준거들도 궁극적으로는 삶의 궁극적인 준거들이 되지
못했습니다. 오히려 이 준거들이 인간의 삶을 속박했습니다.

── 인존철학

인간들은 좀 더 새로운 삶의 근거를 만들기도 했습니다.
계몽시대에는 이성, 절대정신이 삶의 준거로 등장했습니다.
현대에 이르러서는 자본(돈)이 삶의 기준이 되고 있습니다.
인류는 이런 상황에서 우리가 살아가는 데 준거가 될 많은
개념들을 만들어냈습니다. 권리, 정의, 공정, 민주주의!

그러나 인류가 오랜 역사를 거쳐 삶의 준거를 찾으려는
노력은 실패로 끝났습니다. 당연한 결과입니다. 그 이유가
있습니다. 불행하게도 인간 세상에는 삶의 준거가 있을 수
없습니다. 왜 그럴까요? 우리가 살고 있는 세상이 '상대성'의
세계이기 때문입니다. 모든 것이 상대적으로 결정되는 세상이기
때문입니다.

길고 짧은 것, 크고 작은 것 등등이 모두 상대적으로
결정됩니다. 그리고 옳고 그름, 선과 악, 정의와 불의도

상대적으로 결정됩니다. 옳고 그름, 선과 악, 정의와 불의가
사람에 따라 다르고, 시대에 따라 다르고 지역에 따라 다릅니다.
따라서 우리가 아무리 좋은 기준 준거들을 만들어도 문제가
생깁니다. 이 모든 이상적 개념들이 '상대적' 개념들이지
절대적이 아니기 때문입니다.

　　예를 들어 우리가 '정의'라고 할 때 그 정의는 상대적
정의입니다. 정의의 기준이 없다는 것입니다. 상황에 따라
상대에 따라 달라질 수 있다는 것입니다. 나에게 정의인 것이
당신에게는 불의가 될 수 있고, 그 반대일 수도 있습니다.
지금의 정의는 내일은 불의일 수 있습니다. 그래서 엄밀하게
말하면 '정의는 존재하지 않습니다.'

　　우리가 사는 세상에는 절대 기준이 없습니다. 모든 것이
상대적으로 결정됩니다. 모든 것이 시시각각 변화합니다.
변하지 않는 것이 아무것도 없습니다. 기준으로 삼아야 할 것이
없습니다. 인간 세상의 비극은 여기서 출발합니다.

　　인류가 발전시켜온 철학 사상은 상대성의 세계를 벗어나기
위한 노력이었습니다. 우리가 살아가야 할 삶의 준거를
찾으려는 노력이었습니다. 그러나 그 노력은 사실은 처음부터
불가능한 일이었습니다. 이 우주의 구조 자체가 상대성의
세계였던 것입니다. 우리의 어떤 사유도 상대성을 벗어날 수
없습니다.

　　상대성의 세계에는 절대 진리도 없고 절대 진실도
없습니다. 단지 관점과 의견이 있을 뿐입니다. 진실과 진리라는
것은 단지 그것을 주장하는 사람의 관점과 입장에서의

진실이고 진리입니다. 다른 모든 가치들도 마찬가지입니다.

인간 사이의 갈등의 원인이 바로 이것입니다. 절대 기준이 존재한다면 사람들 사이의 갈등은 쉽게 조정될 것입니다. 그 기준에 따라 인간 만사가 결정될 것입니다. 그리고 누구든지 그 결정에 따르게 될 것입니다.

상대성의 세계에서 삶의 준거는 존재하지 않습니다. 그 어느 철학과 사상도 절대적 진리일 수 없고 절대 선善일 수 없고 절대 정의일 수 없습니다. 다른 방법을 택해야 합니다. 절대성에 가장 가까운 생각을 찾아야 합니다. '절대정신'에 가장 근접한 언어를 찾아야 합니다. 그것이 바로 '인간의 존엄'입니다. '인간의 존엄'이야말로 절대정신 또는 절대적 가치에 근접한 삶의 준거입니다.

물론 '인간의 존엄'도 상대적 언어입니다. 상대성의 법칙을 벗어날 수 없습니다. 그럼에도 불구하고 이 세상에 존재하는 여러 가지 사상과 철학들 가운데 절대정신에 제일 가까운 것이 바로 인간의 존엄입니다. 인류가 발견하고 또 발전시킨 고귀한 생각이자 언어이자 사상이자 철학입니다.

— 개인에서 존인으로

우리는 '나', '너', '당신', '개인' 이런 단어들을 너무 자연스럽게 사용합니다. 그런데 사실은 이런 평범하고 쉬운 단어에도 인류의 눈물이 담겨 있습니다.

인류 역사에서 개인個人이란 단어가 등장한 것은 극히 최근의 일입니다. 현대적 의미의 '개인'이라는 단어는 근대 이후에 형성됐습니다. 영어로는 'in+divide+al', '나뉠 수 없는' 개체로서의 인간이라는 뜻입니다.

개인이라는 단어가 없었다는 것은 그런 존재가 없다는 뜻입니다. 독립적 인격을 갖춘 존재로서의 개별적인 인간 또는 스스로 판단력을 갖고 삶을 유지해가는 인격적 개체는 존재하지 않았던 것입니다. 말하자면 당시의 인간은 인간이 아니었습니다. 왕의 소유물이거나 귀족들의 재산이었습니다. 즉 가축이나 물건과 같은 존재였습니다. 여러 가지 재산 중의 하나였습니다. 재산 목록에 소와 말 또는 논, 밭과 함께 등재되는 존재였습니다.

우리가 쓰는 '개인個人'이라는 단어는 일본에서 건너온 단어입니다. 일본에서 메이지 시대에 만들어졌습니다. 일본은 메이지 유신 이후에 서구 문물을 수입합니다. 메이지 유신은 일본이 정치 경제 문화 군사 전 분야에 걸쳐 근대화를 성공시킨 과정의 사건들을 말합니다. 메이지 천황이 즉위한 1868년 메이지 유신이 선포됩니다. 일본은 서구의 문물을 접합니다. 처음에는 전투를 통하여 나중에는 사절단을 파견하여 직접 견학하고 서구의 발전을 목격합니다. 그리고 전면 개국만이 유일한 해결책이라는 결론에 이르게 됩니다.

일본은 서구에서 발전된 근대 문물들과 근대적 개념들을 대량으로 들여오게 됩니다. 일본에는 새로운 문물에 해당하는 단어가 없었습니다. 그래서 새로운 단어들을 만들어냅니다. 이때 본래 있던 단어에 새로운 의미를 부여하거나 또는 한자를 적당히 조합해서 새로운 의미를 부여하기도 했습니다. 이를

화제한자和製漢字, 일본에서 만든 한자라고 합니다.

민주주의, 철학, 사회, 민족, 자유, 권리, 헌법이 이렇게 만들어진 단어들입니다. 계몽주의 사상을 담은 단어가 많았습니다. '노동, 경제'처럼 본래 존재하던 단어들에 근대적 의미를 새롭게 부여한 경우도 있었습니다.

개인이라는 단어도 이때 만들어졌다고 합니다. 영어의 'individual'에 해당하는 단어를 만들어낸 것입니다. 그러니까 물건의 개수를 세는 한 개, 두 개 할 때의 個에 사람 人을 붙인 것입니다. 이 단어는 당시로서는 혁명적인 단어였습니다. '내가 독립적인 개인'이라니, 내가 '스스로 생각하고 판단하여 행동하는 개별적인 존재'라니! 그럴 수가 있나? 정말 내가 '개인'이라는 거야? 믿을 수가 없는데? 임금님이 허락을 하실까? 나는 소작인인데 주인 나리께서 인정을 하실까?

이처럼 개인이라는 단어는 마치 물건 세듯이 사람을 세는 단위로 만들어졌습니다. '개별적으로 셀 수 있는 개체로서의 인간' 정도의 의미를 담고 있습니다. '독립적인 개체로서의 인간'이라는 뜻을 잘 전달하고 있습니다.

그러나 이 개인이라는 단어는 무언가 좀 부족한 듯 느껴집니다. 지나치게 관찰자적이고 가치중립적입니다. 우리의 새로운 철학인 인간의 존엄이라는 의미는 담고 있지 못한 것 같습니다.

새로운 단어를 제안합니다. '귀인貴人' 또는 '존인尊人'이 가능할 것 같습니다. 좀 더 비유적이고 문학적인 단어를 만들자면 '천인天人'에서 '홍익인弘益人'도 추천 가능할 것 같습니다.

저는 존인이 좋습니다. '존엄한 인간'이라는 뜻입니다.
인간의 존엄이라는 사상과 철학을 이 세상에 구현할
존재들입니다. 인간의 존엄을 최고의 가치로 삼는
존재들입니다. 인존시대, 인존국가를 구성할 주체로서의
존재들입니다.

물론 매우 생소하실 것입니다. 신조어였던 '개인'도
처음에는 매우 생소했을 것입니다. 언어는 습관입니다.
사용하다 보면 익숙해질 것입니다.

언어는 생각을 규정합니다. 인간이 개인이 아닌 존인 또는
귀인이 될 때 인간을 규정하는 우리들의 관점이 바뀔 것입니다.
서로를 바라보는 우리들의 관점도 바뀔 것입니다. 사회를
구성하는 원리도 바뀔 것입니다. 국가의 행동방식도 바뀔
것입니다.

— 인권에서 인존으로

인권은 인간의 권리의 준말입니다. 인류가 발전시켜온 인권에
대한 생각은 세계 인권 선언문에 잘 요약돼 있습니다.

세계 인권 선언문은 1948년 파리에서 열린 제3회 국제 연합
총회에서 채택된 인권에 관한 선언문입니다. 전문과 총 30개의
본문 조항으로 이루어졌습니다. 요약하면 다음과 같습니다.

1조　모든 사람은 평등하며 동포이다.

2조　누구든지 어떤 차별도 받지 않는다.

3조　모든 사람은 자유와 신체의 안전에 관한 권리를 갖는다.

4조 누구든지 노예가 되지 않는다.

5조 누구도 고문 받지 않는다.

6조 누구도 법 앞의 인격으로 인정받을 권리를 가진다.

7조 누구도 법의 동등한 보호를 받을 수 있다.

8조 권리의 침해에 대해 법으로부터 구제받을 권리를
가진다.

9조 체포 구금 추방을 당하지 않는다.

10조 누구나 독립되고 공평한 법원에 의해 공개 심리를 받을
권리를 가진다.

11조 소추를 받은 사람은 무죄로 추정될 권리를 가진다.

12조 가족, 주거, 통신과 명예, 신용에 대해 공격 받지 않는다.

13조 모든 사람은 거주 이전의 자유를 가진다.

14조 모든 사람은 박해를 피해 외국에 피난할 권리를 가진다.

15조 누구도 국적을 가질 권리를 가진다.

16조 성년 남녀는 혼인하여 가정을 만들 권리를 가진다.

17조 재산을 소유할 권리를 가진다.

18조 사상 양심 종교의 자유를 누릴 권리를 가진다.

19조 표현의 자유를 누릴 권리를 가진다.

20조 집회 및 결사의 자유를 가진다.

21조 투표를 통하여 정치에 참여할 권리를 가진다.

22조 사회 보장을 받을 권리를 가진다.

23조 모든 사람은 노동할 권리를 가진다.

24조 노동시간의 합리적인 제한과 휴식과 여가를 누릴
권리를 가진다.

25조   사회복지를 받을 권리를 가진다.

26조   교육 받을 권리를 가진다.

27조   문화 예술 과학의 진보를 공유할 권리를 가진다.

28조   이 권리가 실현될 사회적 국제적 질서에 대한 권리를
       가진다.

29조   모든 사람은 인격의 발현이 가능한 사회를 만들 의무를
       진다.

30조   이 선언의 규정은 파괴적 목적으로 사용될 수 없다.

이 선언은 제2차 세계대전이 끝난 뒤에 선포됐습니다.
인간의 삶이 인간에 의해 무참하게 파괴된 상황에 대한
반성에서 만들어졌습니다. 그리고 제2차 세계대전과 같이
인간성이 파괴되는 일이 다시는 발생하지 않아야 한다는
결의를 담고 있습니다. 당시로서는 인간의 권리에 대해
최선이라고 할 만한 조항들을 담았습니다. 그래서 아직도
여전히 유효한 내용들입니다. 우리나라도 아직까지 지키지
못하는 조항들이 있습니다.

　보편적으로 적용될 권리를 전 인류와 전 국가에 공통으로
적용될 조항들을 담고 보니 '최소'한의 권리를 규정하게
됐습니다. 인간의 삶에 필요한 권리들을 '최소' 규범으로 만들게
된 것입니다. 즉 '최소' 보장이 규정된 것입니다.

　이 선언은 구체적인 구속력을 가지고 있는 것은 아닙니다.
그러나 세계 국가들의 헌법과 법체계에 반영됐습니다.

　2차 세계대전 이후의 세계는 자본주의 세계와 공산주의

세계로 양분됐습니다. 이른바 냉전이 진행됐습니다. 오랜 체제 경쟁 끝에 공산주의가 패배했습니다. 그리고 자본주의만 남았습니다. 전 세계가 자본주의와 민주주의가 결합된 국가 체제로 통일되어 갔습니다. 과학 기술의 비약적인 발전이 보태졌습니다. 이런 이유로 제2차 세계대전 이후의 기간은 인류사에서 그 유례를 찾을 수 없는 번영기였습니다. 더 나아가 인간의 권리가 발전한 시기라고 할 수 있습니다. 많은 나라들이 세계 인권 선언에서 규정한 30개의 조항을 충족시키는 국가에 도달했습니다.

인류는 이 기간 자본주의를 단일체제로 가지게 됐습니다. 전 지구가 하나의 체제로 통일된 것은 인류 역사상 처음 있는 일입니다. 자본주의라는 강력한 체제와 민주주의의 확산, 여기에 과학 기술 특히 교통 통신의 발달로 인한 정보 유통의 혁명을 거치면서 전 지구가 단일 체제가 된 것입니다. 그래서 프랜시스 후쿠야마 같은 학자는 '역사가 끝났다', 즉 더 이상의 역사는 없다며 역사의 종말을 선언하기도 했습니다. 자유민주주의와 자본주의의 결합 이외의 역사는 없다는 선언이었습니다.

그러나 자본주의의 다른 한편에서 자본주의의 모순이 축적되고 있었습니다. 기후 위기가 본격화되면서 인류의 미래에 대한 낙관론은 힘을 잃었습니다. 인류의 역사가 낙관적 종말이 아닌 비관적 종말을 향해 가고 있는 것 아니냐는 의문이 제기됐습니다. 인류가 자본주의적 축적을 무한히 계속하는 동안 지구는 손상되고 파괴되고 있었습니다. 기후 위기와 그로부터 비롯된 전 지구적 규모의 재난들이 인류를 위협했습니다. 코로나19와 같은 전염병, 태풍, 홍수, 폭설, 해수면의 상승 그리고 산불, 미세먼지는 인류가 경험하지 못한 것들이었습니다.

다른 한편에서는 빈부 격차가 인류를 분열시키고 있습니다. 인류가 지금까지의 역사와는 비교가 되지 않을 정도로 부를 축적했습니다. 동시에 이전과는 비교가 되지 않을 정도의 빈부 격차도 함께 남기고 있습니다. 빈부 격차는 인간 사회를 정치적 갈등 속으로 밀어넣었습니다. 유럽의 난민 문제, 미국의 국경 봉쇄처럼 전에 없던 문제들이 생겼습니다. 나라마다 빈부 격차 문제가 심각한 문제로 대두돼 정치적 리더십이 실종되고 갈등과 분열의 폭이 커지고 있습니다. 우리나라도 예외가 아닙니다.

결국 지금 우리가 살아가고 있는 이 체제는 지속 가능하지 않다는 결론에 이르게 됩니다. 우리가 지금 이대로 살아간다면 결국 지구는 견디지 못할 것입니다. 우리의 미래 세대는 삶의 기반을 잃게 됩니다. 결국 인간의 삶에 대한 새로운 사고, 새로운 사상과 철학 그리고 새로운 제도와 새로운 삶의 방식이 요구되고 있습니다. 그것도 매우 시급하게 요구되고 있습니다.

인간의 권리를 규정하는 정도로는 새로운 삶을 만들 수 없습니다. 인권 선언은 인간의 삶에 기본 요소들에 대한 최소 보장을 규정하고 있습니다. 국가나 권력에 대해 개인의 삶에 나쁜 방향으로 개입하지 않는다는 정도를 요구하고 있습니다. 즉 소극적 보장을 선언하고 있습니다.

예를 들어 고문을 하지 않는다든가 누구나 노동할 권리를 가진다는 등입니다. 그런데 고문을 하지 않거나 노동할 권리를 보장하는 것으로 빈부 격차나 불평등으로부터 인간을 보호할 수 없습니다. 빈부 격차나 불평등으로부터 인간을 보호하려면 훨씬 적극적인 사고와 의사 결정이 있어야 합니다. 인권이라는 개념을 넘어서 인존으로 확대돼야 합니다. 인간의 존엄을 보장하는 개념으로 발전돼야 합니다.

인간의 존엄은 노동할 권리를 보장하는 것 이상을 요구합니다. 인간의 존엄은 국가가 '노동을 할 기회를 보장하는 의무'까지를 규정해야 합니다. 노동할 기회가 주어지지 않는 사람에게 노동을 할 권리는 아무 의미가 없습니다.

기후 위기로부터 인간의 생명을 보호하는 의무, 불평등과 빈부 격차로부터 인간의 삶을 보호할 의무, 노동할 기회가 주어지지 않는 사람들에게 일할 기회를 제공하는 의무가 새롭게 규정되는 새로운 선언이 필요합니다. 인권 선언을 넘어서서 인존 선언이 필요합니다.

매우 어려운 일일 것입니다. 지금까지의 세계의 작동방식, 국가의 목표와 행동방식, 자원 배분방식을 바꾸는 일이기 때문입니다. 그리고 그것은 기존의 체제와 배치될 수 있기 때문입니다. 그러나 그럼에도 불구하고 해내야 합니다. 최대한의 노력, 절대적인 헌신이 필요합니다.

— 최소 보장에서 최대 보장으로
세계 인권 선언에서 선언된 인권은 '최소' 인권입니다. 인간의 권리에 대한 '최소한의 보장'을 요구했습니다. 인간이 살아가는데 필요한 최소한의 요건들을 규정했습니다. 고문 받지 않을권리, 공정하게 재판 받을 권리, 노동할 권리 같은 것들은최소한의 권리들입니다.

문제가 있습니다. 권리가 주어졌다고 해서 권리가 실현되는것은 아닙니다. 공정한 재판을 받을 권리가 주어졌다고 해서공정한 재판을 받을 수 있는 것은 아닙니다. 권리는 있지만실현되지는 않을 수 있는 것입니다.

대표적인 것이 '노동할 권리'입니다. 노동할 권리가주어졌다고 해서 노동을 할 수 있는 것은 아닙니다. 단지 권리만주어져 있는 것입니다. 그냥 권리로만 남아 있을 뿐입니다.노동할 권리가 일자리를 주는 것은 아닌 것입니다. 우리나라에왜 그렇게 실업자가 많이 있습니까? 그분들에게 권리가주어지지 않아서입니까? 그분들이 권리가 없어서 일하지못하는 것은 아니지 않습니까? 누가 그분들의 일할 권리를빼앗았습니까?

그래서 말씀드립니다. 최소 인권은 최대 인권으로 확대돼야합니다. 최소 보장은 최대 보장으로 확대돼야 합니다. 소극에서'적극'으로 바뀌어야 합니다. 권고에서 '보장'으로 바뀌어야합니다. 인권의 최대 보장이 바로 '인간의 존엄', 즉인존人尊입니다.

최대 보장이 시급하게 필요한 부문이 바로 노동을 할권리입니다. 세계의 많은 나라들이 빈부 격차로 정치 경제적갈등을 빚고 있습니다. 인류가 빈부 격차를 극복하기 위해서는 가장 중요한 것이 노동을 할 권리입니다. 그런데 그 권리가 단지 권리로만 남아 있습니다. 일자리를 얻지 못한 사람에게 노동을 할 권리는 무용지물입니다. 헛구호에 불과합니다. 노동을 할 권리가 구체적으로 실현되도록 이 사회가 보장해야 합니다. 이때 사회란 국가와 기업들을 말합니다.

국가와 기업이 국민들에게 취직자리를 제공하는 것을 의무로 가져야 합니다. 일자리를 제공하는 것이 최대 임무가 돼야 합니다. 노동을 할 권리는 '국가 사회가 직업을 제공할 책임'으로 변경돼야 합니다. 국가 사회의 운영 방식 전체를 국민들에게 직업을 제공하는 것을 목표로 재조정되고 변경돼야 합니다. 이는 국가의 역할을 소극적 역할에서 적극적 역할로 변경하는 것을 의미하기도 합니다. '지원'의 역할에서 '책임'으로의 역할 강화를 의미하기도 합니다.

국가는 책임국가가 돼야 합니다. 저는 이런 국가를 인존국가 또는 가족 국가, 가정 국가로 부르고자 합니다. 국민 한 사람 한 사람의 존엄, 인존을 책임지고 보장하는 국가를 의미합니다. 인간이 만든 조직 중에 이런 형태와 가장 가까운 조직은 '가족'입니다. 가족들은 그 구성원들이 혈연관계로 공동 운명체입니다. 대한민국은 가정입니다. 대한민국의 국민들은 가족입니다. 모두 가족관계입니다. 사실은 인류 전체가 가족입니다.

구성원들이 생사를 함께하는 조직이 가장 강하고 가장 영속성이 강합니다. 인류의 역사에서 가장 오래 유지되고 또 가장 널리 퍼진 조직이 바로 '가족'입니다. 가족의 구성원에

대해서는 우리는 모든 것을 걸어 그를 지킵니다. 특히 생명
안전, 건강에 대해서는 더 그렇습니다. 이것을 딱딱하게
표현하면 최대 보장입니다.

저는 당신과 한 가정의 구성원이고 싶습니다. 당신과 한
가족을 구성하고 싶습니다. 사실은 지금도 유전적 거리의
차이만 있을 뿐 우리는 모두 한 가족입니다.

── 민주주의 너머

인류가 겪는 어려움은 우리가 살고 있는 세계가 상대성의
세계라는 데서 비롯됩니다. 이 세상에 절대적인 가치가
존재하지 않는 것입니다. 우리가 그것에 맞춰서 살아가야 할
준거 또는 기준점이 없는 것입니다. 이런 상황에 대한 대안으로
찾아진 것이 바로 '민주주의'입니다. 절대 진리가 없는 세상에서
다수결의 원리를 의사 결정구조로 받아들인 것입니다. 많은
사람이 옳다고 생각하는 것이 '옳다'는 제도를 만든 것입니다.

민주주의를 우리들의 삶의 원리로 만들기 위해 많은
사람들이 피를 흘렸습니다. 절대왕정의 지배 구조는 민주주의를
받아들일 수 없었기 때문입니다. 그럼에도 불구하고 인류는
목숨을 던져 민주주의를 만들어냈습니다. 인류 역사의 혁명은
모두 민주주의를 둘러싸고 이루어졌습니다. 민주주의는 위대한
쟁취였습니다. 민주주의는 근대의 '개인'이라는 존재의 등장
그리고 각 개인이 동등한 권리를 가진다는 1인 1표의 평등
원리에 따라 성립됐습니다. 민주주의는 인류의 발전 여정에서
위대한 성취였습니다.

그렇다면 민주주의만 잘 지키면 인류가 행복해질까요? 민주주의가 모든 것일까요? 물론 민주주의가 모든 것은 아닙니다. 민주주의가 잘 지켜졌는데도 인류가 불행으로 끌려들어간 사례가 있는 것입니다. 민주주의가 발전해나가는 과정에서 완전한 것은 아니라는 극단적인 사례가 드러나기도 했습니다.

민주주의가 중요하기는 하지만 만능은 아닙니다. 민주주의가 모든 것은 아닙니다. 민주주의는 의사 결정 방식입니다. 우리가 살아가는 사회를 운영하는 방편입니다. 그 자체가 삶의 기준과 목표는 아니라는 것입니다. 민주주의가 그 자체로 인간의 행복을 보장하지 않습니다. 우리가 민주주의를 지키기 위해서 목숨을 걸지만 그것이 모든 것은 아니라는 것입니다.

① 민주주의의 위기 —— 독일은 제2차 세계대전이 끝난 뒤 헌법을 전면 개정했습니다. 새로 제정했습니다. 제2차 세계대전이 일어나기 전까지의 독일 헌법은 바이마르헌법이었습니다. 바이마르헌법은 지금까지도 헌법의 모범이라고 할 만큼 잘 만들어진 헌법이었습니다. 특히 민주주의의 전범이라고 할 만큼 민주주의를 잘 규정하고 제도화하고 체계화하고 보장한 헌법이었습니다.

제2차 세계대전 이전의 독일은 바이마르헌법에서 규정한 법질서에 따라 움직였습니다. 그 기본적인 바탕은 '민주주의'였습니다. 그런데 왜 개정했을까요? 그리고 어떻게 개정했을까요? 그 이유가 있습니다.

1929년 대공황이 발생하고 히틀러가 집권하게 됩니다. 이때 히틀러는 민주적인 질서, 즉 민주적인 과정과 절차에 따라 집권을 하게 됩니다. 무엇보다도 국민들의 투표를 통해 다수의 표를 받고 집권을 했습니다. 집권 과정에서 국민들의 지지가 있었습니다. 그리고 집권 후에도 정치 경제적인 성과가 많았습니다. 혼란스럽던 정치가 안정됐습니다. 길거리에 넘쳐나던 실업자들이 사라졌습니다. 독일 국민들의 자존심도 살아났습니다. 그 흐름 속에서 독일은 전쟁에 돌입하고 결국 나치는 파멸합니다.

히틀러가 죽고 전쟁이 끝난 뒤 독일 국민들은 깨닫게 됐습니다. 민주주의 그 이상이 필요하다는 것을, 민주주의가 모든 것이 아니라는 것을, 민주주의는 과정이지 목표가 아니라는 것을…. 마침내 독일 국민들은 민주주의 그 이상의 목표, '인간의 존엄'을 찾아냈습니다. 그리고 새로운 독일, 신생 독일은 '인간의 존엄'을 위해 존재해야 한다고 결정했습니다. 독일이 존재하는 이유는 '독일 국민들을 존엄하게 하기 위함'이라고 선언했습니다.

민주주의가 그 자체로 해결책이 아니라는 것은 현대에 와서도 여전히 입증되고 있습니다. 기후 위기와 빈부 격차의 문제는 민주주의 정치 체제하에서 일어나고 있는 것입니다. 민주주의 지수가 최고로 높은 국가들에서도 빈부 격차는 여전히 존재하고 기후 위기는 그대로 진행 중입니다. 민주주의적 방식으로 해결되지 않는 문제가 많은 것이 엄연한 현실입니다.

② 사람이 먼저다 — 그러면 어떻게 할 것인가? 민주주의를 넘어서는 그 이상의 목표가 필요합니다. 민주주의적 절차가 지향하는 목적이 필요합니다. 그리고 그 방향을 향해 민주주의가 작동하도록 해야 합니다.

민주주의가 가야 할 방향은 '인간의 존엄'입니다. 인존 사회, 인존 사회의 건설입니다. 인존국가의 최우선적인 과제는 기후 위기와 빈부 격차 해결입니다.

자본주의는 인류의 발전에 엄청난 기여를 했습니다. 그 어떤 경제 체제도 자본주의만큼 인류를 발전시킨 체제는 없습니다. 인류를 기아에서 해방시킨 것이 바로 자본주의입니다. 질병에서 해방시킨 것도 자본주의입니다. 현대에 이르러 과학 기술은 물론이고 문화 예술 그리고 인류 문명이 전 분야에 있어서 그 전과는 비교도 할 수 없을 만큼 발전했습니다. 그 발전은 그것을 추동하는 힘, 즉 자본주의가 있었기 때문입니다.

자본주의의 가장 큰 공로는 인류를 신분제로부터 완전히 해방시킨 것입니다. 자본주의의 주인공은 돈입니다. 돈은 그것을 소유하는 사람들의 신분을 가리지 않습니다. 그가 왕이든 노예이든 상관 없습니다. 귀족이든 상민이든 상관하지 않습니다. 돈은 신분을 차별하지 않는 것입니다.

자본주의가 발달하면서 권력 위주로 세습되던 신분은 그 힘을 잃었습니다. 신분이 낮은 사람들이 돈을 많이 가지게 됐고 그것이 새로운 권력이 됐기 때문입니다. 정치적 혁명에 의해서 신분제가 흔들리기도 했지만 그것이 완전히 와해된 것은 돈에 의해서입니다. 만약 자본주의가 도입되지 않았다면 우리나라에도 아직까지 귀족과 노예가 남아 있을지 모릅니다.

자본주의는 민주주의의 확산에 결정적인 기여를 했습니다. 자본주의가 신분제를 해체시키자 한 사람 한 사람이 동등한 정치적·경제적·사회적 가치를 가지게 됐습니다. 신분이 해체되면서 평등주의가 자리 잡았습니다. 한 사람 한 사람이 모두 동등한 가치를 가지게 된 것입니다. 1인 1표가 성립되게 됐습니다. 민주주의가 인류의 보편적인 가치가 된 것은 자본주의의 공로였습니다.

그래서 자본주의와 민주주의의 결합이 인류가 만들어낼 수 있는 최고의 조합이 됐습니다. 이 체제가 역사의 끝이라고 말한 사람도 있습니다. 어느 정도 사실입니다. 그리고 이 두 체제의 결합으로 인류는 전 역사를 통틀어 어느 시대와도 비교될 수 없는 번영기를 누리고 있습니다.

이런 공로에도 불구하고 자본주의가 성장하면서 그 폐해도 함께 늘어났습니다. 민주주의가 자본주의의 애완견이 됐다는 소리는 이제 옛날 이야기입니다. 이제 자본주의의 폐해를 치유할 새로운 변화가 필요한 시점에 이르렀습니다. 우선 목표와 목적을 새롭게 세우는 것부터 시작해야 합니다. 인존국가의 목적은 사람입니다. 인존국가를 구성하는 정치와 경제의 목적도 사람입니다. 우리가 정치 활동이나 경제 행위를 하는 이유가 무엇입니까? 사람들이 '먹고살게 하기

위해서'이거나 '행복하게 하기 위해서'입니다. 너무나 자명한
답입니다.

　　우리 사회는 이런 본연의 임무를 잊고 사는 경우가
많습니다. 정치는 표를 얻거나 권력을 쟁취하는 것을 목적으로
하는 행위입니다. 경제는 돈을 버는 것을 목적으로 하는
행위입니다. 이 과정에서 사람이 표를 얻는 수단이 되거나
돈벌이의 수단이 되어 있는 경우가 많습니다. 특히 경제의
경우가 더 그렇습니다. 인간이 돈벌이의 수단이 되어 있는
것입니다. 예를 들면 '생산성'이란 불편한 단어까지 생기고
아무렇지도 않게 쓰이고 있습니다. 인간이 생산의 수단이 되고
그 효율성이 수치로 나타나서 평가되고 있는 것입니다. 수단이
목적이 되고 목적이 수단이 돼 있는 것입니다. 본말이 전도되고
주객이 전도돼 있는 것입니다. 인간이 만든 제도는 인간을
위해서 만든 것인데 인간이 자신들이 만든 제도에 예속된
것입니다.

　　주객이 전도된 세상을 바로 잡는 것은 매우 어려운
일입니다. 세계 체제가 이미 주객이 전도된 형태로 만들어져
있기 때문입니다. 세계 체제 속에 우리 대한민국도 편입돼
있습니다. 그럼에도 불구하고 할 수 있는 일들을 하지 않으면 안
됩니다. 새로운 세상을 만드는 일에 나서야 합니다. 인간을
존엄하게 하는 국가, 정치, 경제, 사회의 틀을 창조해야 합니다.

　　인존국가가 가까운 국가의 모습을 저는 '가족 국가'라고
상정하고 있습니다. 또는 '가정 나라'도 좋습니다. 가족, 가정은
부를 축적하는 것을 목표로 하지 않습니다. 가족의 안녕이 기본

목표입니다. 부가 풍부하면 가족의 안녕을 지키는 데
유리하겠지만 부가 축적된다고 가족의 안녕이 지켜지는 것이
아닙니다.

정치의 목표도 '가족을 지키는 일'입니다. 조금 강하게
표현을 하자면 '자신이 지켜야 할 가정을 위해 때로는 목숨을
거는 행위'입니다. 정치는 인간이 할 수 있는 매우 아름다운
행위에 속합니다. 우리가 지켜내야 할 것들, 사랑하는 아내와
남편, 귀한 아들딸들, 우리 마을, 공동체, 민주주의, 대한민국을
지키는 행위입니다. 지켜야 할 것들을 지키기 위해서는 자신이
가진 것을 희생할 각오를 해야 합니다. 자신의 목숨을 걸어야
합니다. 자신이 지켜줘야 할 사람들을 위해 목숨을 거는 행위가
바로 정치인 것입니다.

정치가 가족을 지키는 행위라면 경제는 가족들을 먹여
살리고 생계를 유지할 수 있도록 하는 행위입니다. 자연에서는
이 또한 때로는 목숨을 거는 행위입니다. 사실은 이 두 가지가
서로 분리돼 있는 것이 아닙니다. 서로가 서로를 지탱하는
관계입니다. 정치는 경제를 지탱하고 경제가 정치를 유지할 수
있게 합니다.

③ 인존 경제 — 인존 경제도 무엇보다 가족, 가정의 안녕을
위해 존재해야 합니다. 가족의 안녕이 경제의 목표입니다. 이
문제들을 최우선 과제로 해결해야 합니다. 자본주의로 생긴
문제를 치유하거나 새로운 체제를 창조해야 합니다. 자본주의는
말 그대로 '자본 중심주의'입니다. 경제를 구성하는 여러 요소

중에 자본을 중심에 놓는 경제 체제인 것입니다. 사람이 목표가 아닌 것입니다.

경제는 여러 가지 요소로 구성돼 있습니다.
자본·기술·노동·토지·정치·문화·역사·지리·교육을 비롯해 무수히 많은 요소들이 경제를 구성하고 있습니다. 그 모든 것이 뭉쳐서 경제를 이루는 것입니다. 그들이 모두 다 잘 모이고 잘 균형을 이루면 경제가 잘 됩니다. 그들 중 어느 한 요소가 지배적인 위치를 차지하면 다른 요소들이 줄어들고 서로 충돌하고 갈등을 빚게 됩니다. 이때 경제 전체는 균형을 잃고 문제를 일으키게 됩니다.

자본주의는 자본 중심의 경제입니다. 자본이 우위에 서는 경제입니다. 자본이 중심이 되면 기술과 노동, 토지 등 경제의 다른 요소들이 자본에 예속됩니다. 이렇게 되면 경제는 자본에 집중됩니다. 이런 집중이 심화되면 경제는 붕괴합니다. 인류는 이미 이런 일을 여러 차례 겪었습니다.

1929년의 대공황이 그 시작이었습니다. 그 이후 부흡 집중과 분산이 반복됩니다. 집중-분산-집중-분산. 그리고 다시 일정한 시간이 흐른 뒤에 또 집중-분산. 시간이 흐를수록 반복 주기 빨라집니다. 더 큰 문제는 자연 자원을 대량으로 소비함으로써 기후 위기를 일으키고 지구를 인간이 살 수 없는 공간으로 만들고 있다는 점입니다. 지구 전체와 그곳에 살고 있는 '사람들'을 보는 관점과 철학에 기초한 경제 체제가 매우 시급합니다.

자본주의가 자본만을 강조하는 '부분' 이념이었다면

공산주의도 '부분' 이념이라는 점에서는 마찬가지였습니다. 공산주의는 경제의 여러 요소 중에서 노동에 대한 착취를 거부하는 데 초점을 맞춘 체제였습니다. 그 대안으로 제시된 것이 프롤레타리아 독재였습니다. 프롤레타리아 권력이라는 요소에 경제의 다양한 요소들을 종속시킨 체제였습니다. 경제 요소들이 정치권력에 의해 통제되면서 다른 요소들이 힘을 잃고 활력을 빼앗겼습니다. 당연히 경제가 붕괴하게 된 것입니다. 필연적인 결과입니다. 공산주의가 지속되지 못한 이유입니다. 분열의 이념이기도 했습니다. 부분과 분열에 기초한 어떤 이념도 지속가능하지 않습니다.

여러 요소들이 잘 조합된 체제가 강한 경제 체제입니다. 부분과 분열이 아닌 전체의 경제만이 진리이고 지속가능합니다. 자본과 노동, 기술, 토지, 법제도, 이익 배분, 판매 시스템을 비롯한 상품을 만들고 유통시키는 모든 요소들이 균형을 이뤄야 합니다. 이 중 어떤 하나의 요소가 지배적 위치를 차지해서는 안 됩니다.

우리의 지금의 경제 체제는 한국 전쟁 이후 자본주의가 본격적으로 도입하면서 만들어졌습니다. 출발부터 부의 집중을 감수하고서라도 빠른 성장을 추구하는 방식으로 시작됐습니다. 대부분의 자본주의 후발주자들이 선택한 방식이기도 합니다.

1997년 IMF 이후 이런 구조가 훨씬 더 강화됐습니다. 자본주의의 여러 요소들이 균형을 잃고 주주 자본주의와 금융 자본주의 체제로 재편됐습니다. 이는 부의 과도한 집중과 축적으로 경제의 활력을 떨어뜨리고 정치·사회 문제를 만들어냈습니다.

인존 경제가 새롭게 발명돼야 합니다. 인간(사람)의 안녕이 목적이 되는 경제여야 합니다. 저는 이를 인존주의라고 부르고자 합니다 어떤 경제학자는 세계의 경제 문제를 해결하는 데 상자 하나만 있으면 된다고 말한 바 있습니다. 즉 돈이 남는 사람은 남는 돈을 그 상자 안에 넣습니다. 돈이 부족한 사람은 그 상자 안에서 꺼내다 씁니다. 간단합니다.

민주주의만으로는 부족합니다. 민주주의만으로 기후 위기와 빈부 격차 문제를 해결할 수 없습니다. 인간의 존엄이라는 목적과 민주주의라는 수단이 함께 가야 합니다.

3 패권 국가들의 흥망과 한반도의 운명

'인간의 존엄'은 인류 역사에 이미 여러 차례 등장한 바 있습니다. 때로는 사상과 철학으로 나타났습니다. 정치 제도로 또는 경제 정책으로 나타나기도 했습니다. 나타났다가 사라지고 다시 나타나기를 반복했습니다. 이 인간의 존엄은 인류 역사에 나타나서 어떤 역할을 했을까요? 우리의 삶에는 어떤 영향을 끼쳤을까요? 그 영향을 뚜렷하게 관찰할 수 있는 사례가 패권 국가들의 흥망성쇠입니다. 패권 국가들을 통해 인존의 역할을 살펴보고자 합니다.

패권 국가란 사전적으로 '국제사회에서 다른 국가를

압도하는 힘을 가진 국가'를 가리키는 말입니다. 인류 역사에서 4개의 패권 국가가 있었습니다. 몽골과 네덜란드, 대영제국과 미국입니다.(16세기의 에스파냐를 꼽는 학자들도 있습니다.) 이 나라들은 상대적으로 작은 나라들이었습니다. 이 나라들이 어떻게 영토와 인구의 열세를 딛고 패권 국가가 되었을까요?

제가 내린 결론은 "패권 국가들은 '인간의 존엄'을 확대하는 정치·경제 제도를 도입하여 성장하고 패권적 지위에 올라섰다"는 것입니다. 저는 그렇게 확신하고 있습니다.

지나치게 단순화한 결론으로 보일 수 있습니다. 그러나 그 안에는 좀 더 복잡한 요인들이 작동했습니다. 예를 들어 패권 국가들 안에서 정치와 경제의 상호 작용이 있었습니다. 정치와 경제가 서로를 성장시키는 기제가 작동했던 것입니다. 정치혁명이 일어나면 경제혁명이 뒤따르고 경제혁명이 다시 정치 발전을 추동하는 식입니다. 명예혁명과 산업혁명이 서로를 밀어 올리는 식입니다.

또 다른 이유로는 과학 기술의 발전입니다. 더 정확하게는 과학 기술의 발전의 '수용'입니다. 선진 과학을 받아들여 우수한 기술을 바탕으로 첨단 무기를 만들어낸 것도 중요한 이유입니다. 패권이 평화적으로 교체되는 경우는 매우 드뭅니다. 대부분의 경우는 전쟁으로 결정됐습니다. 전쟁에서는 성능 좋은 무기와 이동 능력, 보급 능력이 승패를 갈랐습니다.

패권 국가들의 성장에는 이 외에도 또 다른 복잡한 요인들이 있습니다. 그럼에도 불구하고 '인간의 존엄'을 확대한 정치·경제 제도가 그 모든 것의 바탕이 됐다는 것이 제 생각입니다.

패권 국가로 세계를 지배할 당시 네덜란드 인구는 200만 명 수준, 대영제국은 3~4천만 명 수준이었고 미국은 3억 3천 명으로 상대적으로 적은 인구를 가지고 있습니다. 그런데 자신들보다 훨씬 더 크고 강한 나라들을 지배하여 패권 국가가 됩니다. 그것도 전 지구적 규모로 면적과 인구를 지배합니다.

그들은 어떻게 패권 국가로 성장하고 패권적 질서를 유지할 수 있었을까요? 그 해답은 바로 인간을 속박하는 구시대적 질서를 깨고 새로운 정치·경제 질서를 구축했다는 점입니다. 정치적으로 새로운 제도를 창조하여 통합적 질서를 만들고 그 질서에 뒤따르는 경제적 활력이 충만한 국가를 만들었다는 점입니다.

— 칭기즈칸의 몽골제국

칭기즈칸은 초원에서 일어나 몽골을 통일했습니다. 그가 통일 몽골을 세웠을 때의 인구가 100만 명 정도였다고 합니다. 몽골이 세운 원나라는 세계 면적의 17% 정도를 정복했습니다. 그리고 1억 1천만 명의 인구를 통치했습니다.

칭기즈칸의 경우는 '천호제千戶制'가 성장의 핵심이었습니다. 천호제는 몽골의 국가 조직 원리입니다. 몽골 사회를 10진법에 기초를 두어 10단위로 편성합니다. 군사 조직 체계이자 동시에 사회 행정 체계입니다. 10명을 10호(투먼), 100명을 백호(밍간), 1천 명 단위를 천호(자우트), 1만 명의 조직을 만호(아르반)라고 불렀습니다. 조직 구성 원리가 분대-소대-중대-대대로 편성돼 있는 지금의 군대 조직과 크게 다르지 않을 정도로 현대적입니다. 당시로서는 혁명적이라고 할 수 있었습니다.

칭기즈칸은 천호제를 시행하면서 기존에 유목민족에게 세습되던 천호 백호를 해체했습니다. 신분제를 파괴한 것입니다. 그리고 노예를 비롯한 낮은 계급에 속해 있던 사람들도 함께 천호에 포함시켰습니다. 즉, 천호에 귀족과 평민 그리고 천민, 노예가 함께 편성된 것입니다.

칭기즈칸은 몽골 사람들을 95개의 천호로 편성하고 95명의 천호장을 임명했습니다. 천호는 전쟁을 하면서 점점 늘어났습니다. 어떤 역사학자는 천호제를 '전쟁을 하면 할수록 병사들이 늘어나는 요술방망이'라고 표현하기도 했습니다. 전쟁을 해서 포로를 잡으면 그 사람을 신분에 관계없이 천호에 포함시킵니다. 그 포로는 노예 신분에서 벗어나게 되는 것입니다. 그리고 능력에 따라서는 천호장이 되는 것이 가능해집니다.

천호는 처음에는 몽골인으로만 출발했습니다. 나중에 거란족들을 대거 편입시킵니다. 또 세계 정복 전쟁을 치르면서 여러 종족과 민족의 이민족들이 천호에 편입됐습니다. 천호는 다국적군이 됐습니다. 칭기즈칸이 사망할 당시 천호의 수는 129개로 늘어나고 그 이후에도 계속 증가합니다.

신분의 변화는 경제적 배분의 규칙도 바뀌게 됩니다. 신분제는 정치적으로 신분이 정해져 있습니다. 그 신분에 따라 부를 분배합니다. 분배의 대상과 양이 이미 정해져 있습니다. 신분이 높은 사람은 분배를 많이 받습니다. 신분이 낮은 사람은 분배를 적게 받습니다. 천호제는 신분의 변화뿐 아니라 부의 분배 원칙을 바꿨습니다. 천호제의 분배 원리는 공정한 분배였습니다. 공을 세운 사람이 분배를 많이 받습니다. 신분이 따로 없으니까 귀족들에게 우선 분배하던 제도가 폐지되고 공을 세운 사람에게 분배하는 것이 가능해진 것입니다.

물론 천호제가 몽골 패권의 유일한 원인은 아닙니다. 다른 여러 요인도 있습니다. 또 칭기즈칸도 친위대를 친인척으로 꾸리고 시간이 지나면서 천호가 세습됐습니다. 그러나 몽골이 폭발적으로 성장하고 제국을 세우는 과정에서 천호제는 몽골이 인구가 적은 단점을 극복하는 중요한 수단이 됐습니다. 천호제는 중세의 신분제(왕-귀족-평민-노예)를 흔든 새로운 제도였습니다.

— 주식회사 네덜란드

네덜란드는 유럽의 약소국이었습니다. 네덜란드가 세계 패권 국가가 된 것은 '종교의 자유'와 '주식회사' 덕분이었습니다.

17세기 유럽에서는 신교와 구교의 전쟁이 치열하게 진행됐습니다. 이른바 종교 전쟁이었습니다. 당시 유럽 최강국이었던 무적함대의 스페인은 신교를 탄압했습니다. 신교를 믿는 신도들에게 세금을 무겁게 부과하고 탄압했습니다. 유럽의 많은 나라들이 이렇게 신교를 탄압했지만 네덜란드는 개방 정책, 포용 정책을 국가 정책으로 채택했습니다. 신교를 인정했습니다. 그러자 유럽의 많은 종교 난민들이 재산을 싸들고 가족들을 데리고 네덜란드로 이주했습니다.

유대인들처럼 금융과 기술을 가진 사람들도 네덜란드로 대거 이동했습니다. 네덜란드는 빠르게 노동력과 기술, 자본을 축적합니다.

1602년 네덜란드는 동인도회사를 설립합니다. 동인도 회사는 최초의 주식회사입니다. 인류 역사상 가장 강력한 조직인 기업, 주식회사가 만들어졌습니다. 이 회사는 주주들의 투자를 받아서 만들어졌습니다. 그 전까지 회사는 대지주와 귀족들의 전유물이었습니다. 네덜란드의 주식회사는 개인들로부터 투자를 받았습니다. 중세의 신분제를 깨는 새로운 경제적 제도가 발명된 것입니다. 개인들로부터 투자를 받게 됨으로써 대규모 투자 자금을 만들 수 있게 됐습니다. 대규모의 투자금은 네덜란드의 선단이 인도네시아, 인도, 일본에까지 진출하게 되는 투자금이 됐습니다. 이 주식회사는 '돈은 신분을 가리지 않는다'는 특성을 제도화한 일종의 혁명이었습니다. 결국 이 제도는 신분제를 해체하는 데 큰 기여를 하게 됩니다.

최초의 상업사회 네덜란드는 자본 축적을 통하여 최초의 자본주의 패권 국가가 됐습니다. 이 세계적인 패권이 빈약한 자원, 적은 인구, 좁고 척박한 땅을 가진 나라에서 만들어졌다는 것은 기적에 가까운 일이 아닐 수 없습니다. 새로운 제도와 체제가 가지는 힘을 증명해주고 있습니다.

네덜란드의 '종교의 자유' 그리고 '주식회사'는 인간의 존엄을 확대한 정치·경제 제도였습니다. 당시로서는 혁명적인 일이었습니다. 이 두 제도는 지금까지도 유지되는 매우 현대적인 제도입니다. 인간의 존엄이 보장되는 정치·경제

제도는 네덜란드라는 작은 나라를 패권 국가로 만들었습니다.

네덜란드 이후 대영 제국이 패권국으로 부상합니다. 영국과
네덜란드는 1652년 1차 전쟁을 벌입니다. 이른바
영란전쟁英蘭戰爭입니다. 1781년 4차에 이르기까지 네 차례의
전쟁을 치릅니다. 영국은 4차 영란전쟁에서 대승하면서
최종적인 승리를 거듭합니다. 네덜란드가 가지고 있던 모든
제해권을 장악하고 패권 국가로 부상합니다.

— 해가 지지 않는 나라 영국

이에 앞서 영국에서는 1688년에 명예혁명(Glorious Revolution)이
일어납니다. 이 혁명으로 절대 왕권을 가진 국왕의 특권이
폐지됩니다. 즉 인류가 오랫동안 유지해온 전제군주제와
결별하게 되는 중요한 역사적 전환점이었습니다. 대영제국은
이 혁명으로 근대 시민사회 국가를 열게 됩니다. 더 중요한 것은
이 정치혁명이 경제혁명, 즉 산업혁명으로 이어졌다는
점입니다. 이 정치혁명과 경제혁명을 서로 영향을 미쳤습니다.
그리고 영국을 패권 국가로 밀어 올리는 원동력이 됩니다.

영국은 네덜란드를 물리치고 세계의 무역을 장악했습니다.
그리고 많은 부를 쌓았습니다. 이렇게 부를 축적한 사람들은
주로 농업 생산자들이었습니다. 이 신흥 농업 자본가들은
1688년의 명예혁명이 일어난 뒤 의회로 진출합니다. 이들은
그때까지 있던 많은 전통적 규제들을 철폐하고 생산 활동의
자유를 확대합니다. 그리고 새로운 산업을 열어갑니다.
이때까지 영국에서는 새로운 발명을 해서 특허를 얻으려면

왕에게 돈을 내야 했습니다. 국왕의 지배를 벗어난 영국 의회는 1709년 저작권법과 특허권을 제정했습니다. 그래서 새로운 발명품이라는 확인만 받으면 특허권이 인정됐습니다. 이후 새로운 발명이 폭발적으로 일어납니다. 여기에 신흥 자본이 투자됨으로써 혁신에 혁신이 거듭되는 사회 구조가 만들어졌습니다.

영국의 패권은 정치혁명과 경제혁명의 상호 작용이 그 원동력입니다. 먼저 절대 왕권이 해체되면서 시민들의 자유권이 신장됐습니다. 수천 년을 이어온 절대 왕권으로부터 벗어난 시민들의 활력은 산업혁명을 일으켰습니다. 그 활력이 지구 저 귀퉁이의 작은 섬나라 영국을 패권 국가로 성장시켰습니다. 더 큰 시야로 보면 인간의 존엄의 확대가 일으킨 일이었습니다.

— 현대의 패권국 미국

현대의 패권 국가 미국은 어떻게 식민지에서 패권 국가로 올라섰는지 그 과정을 따라가 봅니다.

1776년 미국은 영국으로부터 독립하며 세계 최초의 민주주의 공화국을 수립합니다. 미국은 영국으로부터 독립 전쟁을 치르면서 민주주의 이념인 사회계약설, 천부인권사상, 계몽사상을 비롯한 시민혁명의 정신을 담아 개혁적이고 민주적인 정부를 세웠습니다. 그래서 미국 혁명은 프랑스 혁명과 함께 양대 시민혁명으로 불리고 있습니다.

영국은 패권전쟁으로 치러진 7년 전쟁(175~1763)을 하면서 큰 빚을 지게 됩니다. 영국은 이 재정 적자를 식민지에 전가하게 됩니다. 식민지 주민들에게 높은 세금을 부과합니다.
식민지인들의 반대 운동이 일어납니다. 영국은 식민지인들이
즐겨 마시던 홍차에 세금을 매깁니다. 그러자 현지인들은 홍차
대신 커피 마시기 운동을 벌이게 됩니다. 그래서 홍차처럼 연한
커피를 마시게 됐습니다. 이것이 오늘날 우리가 마시는
'아메리카노'의 기원입니다.

1774년 영국군과 식민지 민병대 간의 1차 무력 충돌이
발생합니다. 식민지 미국은 1775년 43세의 조지 워싱턴 대령을
독립군 총사령관으로 뽑고 본격적인 전쟁준비에 들어갑니다.
1776년 7월 4일 독립선언서를 공포하고 영국으로부터
독립전쟁을 선포합니다. 이것을 미국 혁명이라고 부릅니다.

이들은 자신들이 '왜 싸우며 무엇을 이루려고 하는지'를
내외에 천명하였습니다. 이것이 바로 독립 선언문(Declaration of
Independence)입니다. 이 선언문은 로크의 사상을 기반으로 하고
있습니다. 우리 인간은 태어나면서부터 양도 불가능한 인권을
가지고 있다는 생각을 담고 있습니다. 이 선언은 뒷날 프랑스
대혁명의 '인권 선언'에 결정적인 영향을 끼치게 됩니다.

"우리는 다음과 같은 사실을 분명한 진리라고 믿는다. 모든
사람은 나면서부터 평등하고 조물주는 인간에게 몇 가지
양도할 수 없는 권리를 부여하였다. 그 권리 중에는 생명과
자유와 행복의 추구가 있다는 것은 자명한 진리이다. 이
권리를 확보하기 위하여 인류는 정부를 조직하였으며 정부의
정당한 권력은 국민의 동의로부터 유래하고 있는 것이다. 만일

어떠한 형태의 정부이든 이러한 권리들을 침해한다면
사람들은 그 정부의 형태를 바꾸거나 폐지하고 인간의 안전과
행복을 가장 잘 이룩할 수 있는 원칙에 기초를 둔 새로운
정부를 조직하는 것이 국민의 권리이다."
─독립선언문(1776. 7. 4)

계몽 철학의 사상을 그대로 담고 있는 선언문입니다. 이
선언문은 헌법으로 이어집니다. 미국 연방 헌법은 1787년에
기초되고 1789년에 비준됐습니다. 인류가 처음으로 문자로
기록된 헌법을 가지게 된 순간이었습니다. 이 헌법은 왕을
대신한 것이었습니다. 그리고 중세의 신을 대신한 것이기도
했습니다. 인류가 삶의 기준으로 삼았던 왕과 신을 대신하는
역할을 헌법이 담당하게 된 것이었습니다. 오늘날까지 그
본질을 유지하고 있습니다.

초기에 미국을 설계한 사람들은 '왕'을 두지 않으려고
했습니다. '왕이 없는 나라'를 만들려고 했습니다. 유럽식 군주
국가들과 다른 나라를 만들고 싶어 했습니다. 당시 유럽
국가들은 전부 왕이 있는 '군주제' 국가였습니다.

막상 '왕'을 두지 않으려고 하니 문제가 생겼습니다. 당시의
관점으로는 모든 법적·윤리적 권위가 왕으로부터 나왔기
때문에 왕이 없는 사회란 상상하기 어려웠습니다. 만약 왕이
없다면 무엇이 그 권위를 대신할 것인가?

당시의 미국은 고대 아테네와 로마 초기의 정치 형태를
공부했습니다. 식민지 미국인들이 찾아낸 것이

공화정이었습니다.

그래서 새롭게 고안해낸 제도가 '선출된 왕'이었습니다. 우리의 표현으로 하면 대통령, 미국의 '의장(president)'이 탄생한 것입니다. 인류 사상 최초로 왕을 선출하는 제도가 '발명'된 것입니다. '창조'됐다고 표현할 수도 있습니다. 이 왕은 국민들이 다수결로 선택하는 왕, 임기가 있는 왕, 3권 분립에 의해 권력이 제한되는 왕 그리고 탄핵될 수 있는 왕'이었습니다.

미국 연방 헌법은 대통령제 외에도 연방제, 삼권 분립을 규정하고 있습니다. 이 헌법의 규정에 따라 세계 최초의 민주 공화국인 아메리카 합중국이 세워집니다. 미국 혁명 과정에서 많은 것들이 발명되고 창조됐습니다. 성문 형태의 헌법과 국민들 손으로 선출된 왕인 의장, 의장의 권한을 분산시키는 삼권 분립, 각각의 주가 일정한 자치권을 가지는 분권 등등입니다.

식민지 미국은 시민혁명의 승리로 식민지의 수탈 상태를 벗어나게 됐습니다. 태어난 왕이 아닌 '선출된 왕'으로부터 시민들의 정치적 자유가 확대됐습니다. 신생 미국인들은 선출된 왕, 임기가 있는 왕, 권력이 분산된 왕을 세워 독재로 국민들의 자유를 억압하는 것을 원천 봉쇄합니다. 각각의 개인들은 유럽에서 건너올 당시의 신분을 완전히 벗어나서 재산을 부당하게 빼앗기지 않는 상태에서 자유롭게 경제 활동을 하게 됐습니다.

신흥 미국은 무섭게 성장합니다. 그리고 영국으로부터 패권을 이어받아 단기간 내에 패권 국가의 자리에 올라섭니다.

이 패권 교체의 기간에 우리나라는 다시 비극 속으로 들어갑니다. 제2차 세계대전이 끝나고 우리가 식민 상태를 벗어나는 순간에 이 세계는 미국의 패권에 도전하는 구소련과의 대결 구도로 양분됩니다. 남북이 분단되고 한국 전쟁이라는 비극을 겪게 됩니다. 이 분단은 아직도 계속되고 있습니다.

당신과 함께 다시 되돌아봅니다. 인류의 역사는 인간의 존엄을 확대해온 역사였습니다. 인존 제도를 발전시킨 나라들이 그로부터 기인한 정치·경제적 활력으로 문명을 일궈온 역사입니다. 물론 그 발전이 패권주의로 나타나거나 다른 나라를 지배하는 방식으로 전개되기도 했습니다. 이는 바람직하지 못한 방향이었습니다. 그럼에도 불구하고 인간의 존엄이 확대되는 방향으로 역사와 문명이 발전돼온 것이 사실입니다. 앞으로도 같은 방향으로 발전해나갈 것입니다. 그 방향은 '인간의 존엄'입니다.

— 패권 교체기, 한반도 수난의 역사

최근세사에서 우리는 '인간의 존엄'을 앞장서서 확대시키고 발전시켜오지 못했습니다. 밖으로부터 받아들이지도 못했습니다. 따라서 국민들을 결집시키지 못했고 국력을 키우지도 못했습니다. 국민들의 정치·경제적 활력을 모아낼 수가 없었습니다. 그리고 세계사의 흐름에서 뒤쳐졌습니다. 그리고 비극에 비극을 겪었습니다.

우리는 가장 늦게까지 절대 군주제를 유지했습니다.

신분제도와 노예제를 유지했습니다. 철저한 남녀 차별을 두고 서얼 차별도 됐습니다. 각종 차별이 제도화됐고 오랜 시간 계속되어 문화가 됐습니다. 이런 문화가 우리의 정신 속에 아직까지도 뿌리 깊이 자리 잡고 있기도 합니다. 그 결과 지난 세기 조선과 한반도는 그야말로 제국주의 야만의 전면적 약탈지로 전락했습니다.

청일전쟁(1894~1895)과 러일전쟁(1904~1905), 일제의 식민지배, 제2차 세계대전, 한국 전쟁과 분단을 우리 민족이 겪어냈습니다. 그 모든 야만을 겪어내고도 그 고통은 지금도 진행 중입니다. 지구상의 어떤 국가나 민족도 이렇게 다양한 고통을 집중적으로 또한 강도 높게 당한 경우는 드물 것입니다. 이 과정에서 우리 민족의 존엄은 심각하게 훼손됐습니다.

우리 선조들은 안으로는 절대왕정의 부패와 무능 그리고 밖으로부터는 외세의 침략과 수탈에 전면적으로 노출됐습니다. 그 상처는 아직도 우리에게 깊은 상처를 남기고 있습니다. 때때로 우리는 그 아픔에 소스라치게 놀랍니다. 이런 고통을 뚫고 우리 선조들은 의연히 인간 존엄의 꽃을 피워냈습니다. 저는 개인적으로 우리 역사에 두 번의 혁명이 있었다고 생각합니다. 하나는 동학 혁명이고 다른 하나는 광주 혁명입니다.

이 중 동학 혁명은 1894년 동학 농민들의 1차 봉기에서 시작해서 1919년 3·1절로 마무리됩니다. 동학 혁명은 1892년 동학 교조敎祖 신원伸寃(원통한 일이나 억울하게 뒤집어 쓴 죄를 풀어냄)운동으로부터 시작합니다. 동학의 교조 신원운동은

1864년으로 거슬러 올라갑니다. 1864년 3월 10일 조선 왕실은 동학 교조 최제우의 목을 베어 처형하고, 그의 목을 대구 남문장대에 4일간 걸어놓습니다. 신분제의 철폐와 만민평등 그리고 반봉건을 외쳤던 동학을 조선 왕실이 처형한 것입니다. 이후 동학교도들은 매년 교조의 무죄를 주장하는 상소를 올려 교조 신원운동을 벌입니다.

저는 1894년 동학 혁명에서 1919년 3·1 만세운동까지 계속된 일련의 '아래로부터의 운동'을 하나의 흐름, 하나의 묶음으로 봅니다. 이 일련의 혁명을 거쳐 절대왕정이 끝납니다. 바로 근대 혁명입니다. 전근대적인 절대왕정과 신분제도의 철폐, 노예 제도의 폐지 그리고 남녀 차별을 포함한 차별 제도들을 폐지한 혁명입니다. 그리고 그 절대왕정을 유지하는 바탕이었던 경제적인 착취 제도들도 거부당합니다. 이 혁명은 인류사적으로 보면 영국의 명예혁명에 해당하는 혁명입니다. 우리의 혁명은 영국과 달리 민족적 수난 속에 진행됩니다. 저는 그래서 이 혁명을 '수난 혁명'이라고 부릅니다.

1894년 음력 1월 10일 동학 접주 전봉준이 이끈 전라도 고부 농민들이 군수 조병갑을 몰아내고 관아를 점령했습니다. 동학 혁명의 시작이었습니다. 3월 전봉준은 4천 농민들과 함께 전북 고창에서 다시 봉기합니다. 동학 농민들의 전북 부안에 모인 농민군은 8천 명이 넘었습니다. 그들의 구호는 보국안민 제폭구민保國安民 濟暴求民, '나라를 구하고 국민들을 안전하게 하며 폭정을 물리치고 국민들을 구한다'였습니다. 밖으로 외세의 침략으로부터 국민들을 구하고 안으로는 탐관오리들의 폭정을 물리치고 국민들을 구한다는 것이 그들의 기치였습니다.

4월 들어 농민군은 황토현(전북 정읍)에서 감영군을 대파했습니다. 농민군은 황룡촌(전남 장성)에서 조선 왕실이 보낸 대포와 기관총을 갖춘 중앙군을 물리칩니다. 4월 27일에는 전주성을 점령했습니다.

조선 왕실은 청나라에 파병을 요청합니다. 5월 초 청나라군이 조선에 도착합니다. 일본군도 텐진조약에 따라 군대를 조선에 파병합니다. 5월 7일 농민군은 정부군과 전주화약을 맺고 전주성에서 물러납니다. 외국 군대가 간섭할 명분을 주지 않기 위해서였습니다.

음력 8월 김개남이 이끄는 농민군은 남원, 공주, 산청, 울산, 영천, 안양, 김해, 기장, 의령에서 재봉기합니다. 일본군이 철군을 거부하고 양반들이 민보군을 조직해 각지에서 농민군을 공격했기 때문이었습니다. 9월 초 전봉준이 이끄는 농민군도 재봉기를 위해 삼례에 모입니다. 동학 교주 최시형도 농민군과 연합해 봉기합니다. 농민군은 20만 명에 이르렀습니다. 2차 봉기는 전라도를 넘어 충청, 경상, 황해, 강원도에서도 일어났습니다.

음력 11월 9일 초 전봉준이 이끄는 농민군은 공주 우금치에서 대공세를 펼쳤으나 정부군·일본군의 연합군에게 패했습니다. 그리고 음력 12월 전봉준이 순창군 피노리에서 체포됐습니다. 일본군에게 넘겨져 서울로 압송됐습니다. 전봉준은 3월 30일에 처형됐습니다.

이렇게 '1894년' 한 해를 피로 물들였던 동학 혁명을 이끈 정신은 바로 동학이었습니다. 동학의 중심사상이 바로 '인내천人乃天'입니다. '사람이 곧 하늘이다.' 당시로서는 엄청난 선언이었습니다. 임금도 하늘로부터 권위를 부여 받아 통치하는데 자신들이 하늘이라니! 농민들이 하늘을 선언하다니! 아랫것들이 자신들이 임금 위에 있다는 것을 선언하다니! 천민들이 감히! 조선 왕조는 이 선언을 조금도 받아들일 수 없었습니다. 그래서 청나라와 일본 군대를 불러들여 동학군을 섬멸하기에 이릅니다. 외국 군대보다도 인내천의 선언을 더 받아들이기 어려웠던 것입니다.

그럼에도 인내천은 기어이 그 꽃을 피웠습니다. 이 사상은 절대왕정을 깨고 우리가 근대로 이행하는 길을 열었습니다.

인내천 사상은 동학의 창시자인 최제우로부터 시작합니다. 최제우의 사상은 시천주侍天主, '하느님을 내 마음에 모신다'였습니다. 이 시천주 사상은 2대 교주 최시형에 이르러 사인여천事人如天, '사람을 하늘 같이 섬기라'로 변화합니다. 그리고 손병희 대교주가 동학을 천도교로 재편하면서 인내천 사상을 완성합니다. 인내천 사상은 우리 민족사에서 '인간의 존엄', 인존 사상의 극적인 등장이었습니다. 그것도 '사람이 곧 하늘'이라고 하는 가장 높은 수준의 표현으로 등장했습니다.

시천주-사인여천-인내천으로 인간을 바라보는 사상은 빠른 속도로 전파됐습니다. 완고한 억압과 차별적 국가 제도에 균열을 냈습니다. 그 사상은 수백만 명의 농민들이 기꺼이 목숨을 버릴 만한 가치로 퍼져나갔습니다. 동학 농민들은 '사람이 곧 하늘'이라는 한 마디 생각을 향해 목숨을 던졌습니다.

이렇게 돌아가신 분들이 30여만 명입니다. 그중 한 분이 녹두 장군 전봉준입니다.

동학의 시련은 20세기 한민족의 시련을 알리는 서막에 불과했습니다. 동학 혁명이 무위로 돌아간 뒤 조선은 식민지가 됩니다. 이 시기는 민족의 존엄과 민족 구성원 개개인의 존엄이 한 없이 무너진 시기였습니다. 불행하게도 일제의 식민 시대를 벗어나 해방을 맞이한 순간은 미국의 패권에 소련이 도전을 시작하는 순간이었습니다. 한반도는 이 충돌 속으로 휩쓸려 들어갑니다. 그리고 1950년 또 다시 전쟁의 비극을 겪습니다. 이 전쟁에서 300여만 명이 목숨을 잃습니다.

한국 전쟁의 아픔 중 한 장면을 돌이켜보고자 합니다. 1950년 8월 북한군은 파죽지세로 남하하여 포항 홍해읍을 점령합니다. 지역을 지키고 있던 국군 3사단이 위기에 빠집니다. 입대한 학도 의용군 71명이 학도병 소대를 편성합니다. 이들은 포항여중을 사수하라는 명령을 받습니다. 소총 한 자루와 실탄 250발씩을 받고 방어전에 투입됩니다. 이들은 목숨을 걸고 전투에 임하여 인민군 766유격대가 포항 시내로 진입하는 것을 막아냅니다.

이 전투에서 71명의 학도병 중 47명이 전사하고 17명이 부상을 입습니다. 이들 가운데 이우근이라는 학생이 있었습니다. 그는 서울 동성중학교 3학년생으로 열다섯 살이었습니다. 그는 어머니에게 편지를 써서 가슴에 품고 전투에 나섰다가 전사합니다.

어느 학도병의 부치지 못한 편지
1950년 8월 10일 쾌청

어머님!
나는 사람을 죽였습니다.
그것도 돌담 하나를 사이에 두고 10여 명은 될 것입니다.
저는 두 명의 특공대원과 함께 수류탄이라는 무서운
폭발무기를 던져
일순간에 죽이고 말았습니다. 수류탄의 폭음은 저의 고막을
찢어 놓고 말았습니다.
지금 이 글을 쓰고 있는 순간에도 제 귓속은 무서운 굉음으로
가득 차 있습니다.

어머님!
괴뢰군의 다리가 떨어져 나가고 팔이 떨어져 나갔습니다.
너무나 가혹한 죽음이었습니다.
아무리 적이지만 그들도 사람이라고 생각하니
더욱이 같은 언어와 같은 피를 나눈 동족이라고 생각하니
가슴이 답답하고 무겁습니다.
어머님! 전쟁은 왜 해야 하나요?
이 복잡하고 괴로운 심정을 어머님께 알려드려야
내 마음이 가라앉을 것 같습니다. 저는 무서운 생각이 듭니다.
지금 내 옆에서는 수많은 학우들이 죽음을 기다리듯
적이 덤벼들 것을 기다리며 뜨거운 햇빛 앞에 엎디어

있습니다.

저도 그렇게 엎디어 이 글을 씁니다.

괴뢰군은 지금 침묵을 지키고 있습니다. 언제 다시 덤벼들지 모릅니다.

저희들 앞에 도사리고 있는 괴뢰군 수는 너무나 많습니다.

저희들은 겨우 칠십 명뿐입니다.

이제 어떻게 될 것인지를 생각하면 무섭습니다.

어머님과 대화를 나누고 있으니까 조금은 마음이 진정되는 것 같습니다.

어머님!

어서 전쟁이 끝나고 '어머니이!' 하고 부르며

어머님 품에 덥썩 안기고 싶습니다.

어제 저는 내복을 손수 빨아 입었습니다.

비눗내 나는 청결한 내복을 입으면서

저는 한 가지 생각을 했던 것입니다.

어머님이 빨아주시던 백옥 같은 내복과 제가 빨아 입은

그다지 청결하지 못한 내복의 의미를 말입니다.

그런데 어머님 저는 그 내복을 갈아입으며

왜 수의壽衣를 문득 생각했는지 모릅니다.

어머님! 어쩌면 제가 오늘 죽을지도 모릅니다.

저 많은 적들이 그냥 물러갈 것 같지는 않으니까 말입니다.

어머님, 죽음이 무서운 것은 결코 아닙니다.

2부 인간 존엄의 역사   149

어머니랑 형제들도 다시 한 번 못 만나고 죽을 생각하니
죽음이 약간 두렵다는 말입니다.
허지만 저는 살아가겠습니다. 꼭 살아서 돌아가겠습니다.
왜 제가 죽습니까? 제가 아니고 제 좌우에 엎디어 있는 학우가
제 대신 죽고 저만 살아가겠다는 것은 절대로 아닙니다.
천주님은 저희 어린 학도들을 불쌍히 여기실 것입니다.

어머님! 이제 겨우 마음이 안정되는군요.
어머니, 저는 꼭 살아서 다시 어머님 곁으로 달려가겠습니다.
웬일인지 문득 상추쌈을 게걸스럽게 먹고 싶습니다.
그리고 옹달샘의 이가 시리도록
차가운 냉수를 벌컥벌컥 한없이 들이키고 싶습니다.

어머님! 놈들이 다가오는 것 같습니다. 다시 또 쓰겠습니다.
어머니 안녕! 안녕! 아뿔싸 안녕이 아닙니다.
다시 쓸 테니까요…. 그럼… 이따가 또….

　　전투가 끝난 뒤 국군의 한 여성 정훈장교가 전장을
수습하고 있었습니다. 형체를 알아볼 수 없을 정도로 훼손된
소년 병사 이우근의 주머니에서 이 편지를 발견했습니다. 피로
범벅이 되어 잘 읽을 수 없을 정도였다고 합니다.
　　한국 전쟁이 끝난 뒤 민주주의를 향한 고된 여정, 대장정이
시작됩니다. 4·19 혁명과 부마항쟁, 광주민주항쟁, 6월
민주항쟁까지 많은 사람들이 헌신하고 희생했습니다. 그중

대표적인 것이 광주민주항쟁입니다. 저는 이 민주항쟁을 하나로 묶어 '광주 혁명'으로 부르고 싶습니다.

혁명은 그 이후의 한 시대를 민주주의 시대로 만들고 대한민국을 민주국가로 성장시킨 위대한 혁명이었습니다. 이 혁명은 민주주의 혁명입니다. 광주민주항쟁은 세계사적으로 말하자면 미국 혁명에 해당하는 혁명입니다. 봉건 잔재와 권위주의 잔재를 청산하고 현대로 진입하는 계기를 만들었습니다. 그러나 그 위대한 역할에도 불구하고 그 아픔은 여전히 우리들에게 상처로 남아있습니다.

광주민주항쟁을 진압한 신군부는 자신들의 집권을 위해 헌법을 개정합니다. 모순적이게도 이 개헌에서 '인간의 존엄'을 포함하는 조항이 우리 헌법에 처음 등장합니다. 1980년 10월 22일 개정된 8차 개정 헌법에서 인간으로서의 존엄과 가치가 최초로 규정됐습니다. 이 조항은 현재에까지 이르고 있습니다.

전두환 정권이 '인간의 존엄'이 무슨 뜻인지 알고 헌법에 넣었다고 생각되지 않습니다. 일종의 기만이었다고 볼 수 있습니다. 따라서 이 조항은 적극적 권리의 성격보다는 행복 추구 활동을 국가의 간섭 없이 자유롭게 할 수 있다는 소극적 권리 정도로 해석되고 있습니다. 그럼에도 불구하고 이 조항이 우리 헌법에 등장한 것은 그 진정한 의미를 찾고 발전시키라는 역사의 뜻이라고 생각됩니다.

한반도는 그 위치가 힘과 힘이 충돌하는 위치에 있습니다. 시대를 앞서가면서 자신을 지킬 준비가 되어 있지 않으면 언제나 큰 불행을 맞이한 것이 우리 역사의 경험입니다.

한반도는 지금도 언제든지 전쟁의 위험 속으로 들어갈 수 있는 상황 속에 있습니다.

20세기는 인류 역사에서 치욕적인 세기였습니다. 한민족과 대한민국을 넘어 인간으로서 가장 수치스러운 역사였습니다. 폭력의 세기, 극단의 세기, 야만의 세기라고 부를 만한 세기였습니다. 그 20세기를 우리는 죽을힘을 다해 살아냈습니다. 지난 세기 한민족은 지구상의 모든 전쟁과 모든 모순과 갈등, 충돌을 다 받아냈습니다. 인류 역사상 가장 야만적인 시대에 벌어진 가장 야만적인 폭력들을 우리는 다 겪어냈습니다. 우리 부모님들은 정말 모진 삶을 사셨습니다. 당신도 힘들게 사셨습니다. 당신의 형제들도 당신의 자녀들까지도 힘들게 사셨습니다. 정말 수고 많으셨습니다. 20세기를 훌륭하게 살아내고 21세기를 살아가고 있는 우리 선조들, 우리의 할아버지 할머니, 아버지, 어머니, 아들, 딸들에게 깊은 존경을 표합니다. 큰 위로를 드립니다. 그분들이 너무 고맙습니다. 그분들에게 큰 자부심을 느낍니다. 그분들이 자랑스럽습니다.

3부   인존국가 대한민국

1장 대한민국이 세계 표준이 된다

1 복지 국가의 철학

우리가 새로운 나라를 만들고 싶다면 어떤 나라를 만들 것인가?

이 문제는 우리가 어떤 정치 경제 정책을 선택하느냐의 문제가 아니라 어떤 철학 사상으로 가느냐의 문제입니다. 우리가 사는 세상은 먼저 어떤 사상과 철학으로부터 시작되기 때문입니다. 우리가 어떤 나라를 만들려고 하면 먼저 그 나라의 사상과 철학을 결정해야 합니다. 그리고 그 원리에 따라 또는 그 원리 위에 나라를 구체적으로 세워가야 합니다. 즉 첫 출발이 사상과 철학이라는 것입니다. 사상과 철학이 탄탄한 나라를 만들어야 합니다. 사상과 철학이 튼튼하지 않으면 그 위에 지어진 나라도 튼튼하지 못합니다.

사상과 철학의 차이는 전혀 다른 나라를 만들어냅니다. 예를 들어 남한에는 남한을 구성하는 철학과 사상이 있고 북한에는 북한을 구성하는 철학과 사상이 있습니다. 그 남북의 철학과 사상이 전혀 다릅니다. 그래서 남북한 사회가 전혀 다르게 된 것입니다. 본래 출발선에서는 똑같았습니다. 시간이 지나면 사상과 철학이 겉으로 드러나는 모습은 매우 크게 달라집니다.

　인류는 산업혁명 이후 호된 시련을 겪었습니다. 제1차 세계대전, 세계 대공황, 러시아 혁명, 제2차 세계대전이 그것들입니다. 이 시련들은 자본주의와 제국주의의 모순에서 비롯됐습니다. 그리고 나라마다 그 모순을 극복하거나 수정·보완할 새로운 길을 모색합니다. 그 결과로 태어난 것이 '복지 국가'였습니다.

　복지 국가를 건설하려는 노력은 서구 유럽에서 먼저 시작됐습니다. 다양한 경로로 발전했습니다. 크게 분류하자면 북유럽 모델과 독일 모델 그리고 영미식 모델로 나눌 수 있습니다. 이 세 가지 모델은 각각 발전 경로가 다르고 각각의 장단점을 가지고 있습니다.

　복지의 개념이 제일 먼저 시작된 곳은 독일이었습니다. 비스마르크Otto Eduard Leopold von Bismarck, 1815~1898로부터 시작됐습니다. 비스마르크는 사회 보장에 관한 계획을 만들어낸 인류 역사상 최초의 정치가였습니다. 그는 노동자들을 위한 재해보험법, 질병보험법, 노령 연금법을 제정했습니다. 이 제도들은 유럽 여러 나라로 퍼져나갔습니다. 독일의 복지 제도는 위험으로부터 국민들을 보호하는 방향으로 발전했습니다.

　북유럽 모델은 보편 복지를 표방합니다. 단 한 사람도 복지의 대상에서 제외되지 않는 정책을 펼친다는 뜻입니다. 적극적 복지 국가 정책을 통해 전 국민을 중산층으로 만드는 것을 목표로 하고 있습니다.

영미식 모델은 케인즈 모델로 대표됩니다. 선별 복지를
중심으로 하고 있습니다. 빈곤 계층에게 일정 수준 이상의
생활을 할 수 있도록 하여 소비를 지탱하는 모델입니다.

이 세 가지 모델 가운데 사상적·철학적 체계가 가장 잘
갖춰져 있는 것이 북유럽 모델, 그중에서도 스웨덴 모델입니다.
스웨덴 모델의 복지 철학과 사상을 따라가 봅니다.

—— 국민의 집과 잠정적 유토피아

스웨덴 모델을 한 마디로 요약하면 '국민의
집(Folkhemmet)'입니다. 국가는 '국민들의 집'이라는 뜻입니다.
저는 개인적으로 이 번역이 마땅치 않은데요. 영어로는 'people's
home'입니다. 집이라기보다는 가정 또는 가족이라는 뜻입니다.
영어의 people에 해당하는 우리말이 정확하게 있는 것이
아니어서 번역하기가 힘들지만 '가족 나라' 또는 '가정 국가'
정도가 근접한 번역이라고 생각합니다. 즉 국가는 가정이라는
뜻입니다. 그리고 국민들은 가족이라는 뜻입니다. '스웨덴은
우리 집이야! 스웨덴 사람들은 모두 우리 가족이야!'라고
선언하고 있는 것입니다.

이 나라의 국민들은 스웨덴이라는 가정의 아빠이거나
엄마이거나 아들이거나 딸입니다. 할아버지이거나
할머니입니다. 장애인 아들이거나 치매에 걸린 어머니이거나
상관 없습니다. 돈을 잘 벌지 못하는 딸이거나 수입이 없는
할아버지이거나 상관 없습니다. 그들은 모두 가족입니다.

스웨덴이라는 가정의 가족입니다. 차별도 없고 특혜도 없습니다. 어려움을 당하면 함께 이겨나가고 기쁜 일이 있으면 함께 기뻐합니다. '국민의 집, 가정 국가·가족 나라'는 복지 국가라는 정치적 개념을 가장 쉽고 가장 아름답게, 또한 가장 선명하고 가장 강력하게 선언한 표현입니다.

'국민의 집'은 1928년 스웨덴 사회민주당 당수인 페르 알빈 한손Per Albin Hanson의 의회 연설문 제목입니다. 이 연설은 지금까지도 스웨덴 정치에 영향을 끼치는 명연설로 여겨지고 있습니다. '국민의 집'은 한손 시대를 넘어 오늘날에도 스웨덴 사회 민주주의를 상징하는 핵심철학으로 자리 잡고 있습니다. 스웨덴 복지 국가의 이념이기도 합니다. 한손은 이 연설에서 국가는 특정 계급이 다른 계급을 착취하거나 타도하기 위한 공간이 아니며 가족들이 그렇듯 누구도 소외되거나 차별받지 않는 따뜻한 집 같은 곳이라고 강조했습니다.

한손의 복지 정책에 영향을 끼친 사람이 있었습니다. 에른스트 비그포르스Ernst Johannes Wigforss라는 사람이었습니다. 비그포르스는 1932년부터 17년 동안 스웨덴의 재무부 장관으로 재직했습니다. 스웨덴의 정치·경제 모델을 주도적으로 건설한 이론가이자 정치가였습니다. 그는 대공황기에 세계 최초로 케인즈주의적인 경제 모델을 제시했습니다. 그는 적극적인 수요 창출 정책을 통해 공황을 성공적으로 극복하는 데 핵심 역할을 맡았습니다. 더불어 복지 국가의 초석을 닦은 인물로 평가되고 있습니다.

비그포르스가 활동하던 당시의 스웨덴에서는 두 가지

이념이 대립하고 있었습니다. 하나는 시장의 자율성에 모든 것을 맡겨야 한다는 부르주아 경제학이었습니다. 다른 하나는 생산수단의 사회화를 통해 자본주의의 상시적 위기를 원천적으로 차단해야 한다는 마르크스 경제학이었습니다. 이 두 생각은 극단적으로 대립하고 있었습니다.

비그포르스는 대안을 제시했습니다. 그의 대안은 말하자면 중도를 취하는 것이었습니다. 그런데 그의 중도는 두 극단을 뛰어넘는 것이었습니다. 양 극단의 단점을 버리고 장점을 취한 것이었습니다. 추상적이고 이념적인 접근이 아닌 구체적이고 현실적인 접근을 했습니다. 미래의 어느 시기의 문제가 아닌 현재의 문제를 해결하는 유능함을 추구했습니다. 국민 대중의 삶에 즉각적인 영향을 미칠 수 있는 정책을 만들어내는 데 집중했습니다.

비그포르스는 '잠정적 유토피아'라는 개념도 제시했습니다. 20세기의 가장 성공적인 사회민주주의자로 불리는 비그포르스의 사상과 실천에서 가장 중요한 혁신이 바로 '잠정적 유토피아(provisional utopia)'라는 개념입니다(비그포르스, 《복지 국가와 잠정적 유토피아》, 홍기빈 著, 2011).

잠정적 유토피아란 말이 좀 어렵습니다. '잠정적'이란 말이 영어로는 'provisional'을 번역한 것입니다. '임시'라는 뜻이 있습니다. 임시 정부를 영어로는 'the Provisional Government'라고 합니다. 이때 이 '임시'가 비슷한 뜻인 것 같습니다. 즉 정식 정부를 만들기 전에 임시로 만든 정부, 유토피아로 가기 전에 임시로 만든 유토피아라는 뜻입니다.

유토피아는 불가능한 것이니 실현 불가능한 유토피아를 꿈꾸지 말고 실현 가능한 꿈을 꾸어보자는 것입니다. 꿀 만한 꿈을 꾸자는 것입니다. 그리고 그 꿈을 구체적으로 설계해보자는 것입니다. 동시에 장기적인 비전으로 가지고 하나씩 실천해나가자는 것입니다. 근본주의적 시장주의나 교조적 마르크스주의는 모두 갈 수 없는 유토피아입니다. 그런 유토피아를 버리고 유토피아에 근접한 유토피아, 인간적이고 현실적인 유토피아에 대한 계획을 세워보자는 것입니다.

비그포르스에게 정치란 철두철미 '현재'에 발을 디디고 있는 것입니다. 그에게 사람들이 살고 있는 현실 조건과 무관하게 존재하는 정치적 이념과 가치는 허상일 뿐입니다.

그는 이런 비전을 바탕으로 '나라 살림 계획'이라는 중장기 계획을 만들었습니다. 이 계획은 '잠정적 유토피아'의 개념과 유기적으로 연결돼 있습니다. '나라 살림 계획'은 '잠정적 유토피아'로 가는 청사진 또는 종합 계획입니다. 현실 가능한 유토피아로 가는 길을 살림살이라는 관점에서 세밀하게 계획한 것입니다. 그리고 그 계획은 향후 수십 년간 그리고 지금에 이르기까지 끊임없이 유토피아를 만들어가는 노력의 청사진으로 남아 있는 것입니다.

그가 남긴 연설 중의 한 대목을 소개합니다.

"생산의 목적은 사람입니다. '우리는 너무나 돈이 없어서 생산을 계속할 형편이 못되며, 사람들이 열심히 일하도록 해줄 형편이 못된다.' 이런 어처구니없는 말에 속지 마십시오. 경제

메커니즘은 사람들 스스로 만들어내는 것입니다. 그 경제
메커니즘 앞에 비굴하게 머리를 조아리는 소리에 맞서서 우리
사회 민주당을 밀어주십시오. 그리고 이렇게 요구하십시오.
인간이 자신들 생산 도구의 주인이 되어야 하며 노예가
되어서는 안 된다고 말입니다."
– 1938년 '비그포르스 연설' 중에서

'국민의 집'과 '잠정적 유토피아' 그리고 '나라 살림
계획'으로 시작된 스웨덴의 복지 국가 건설은 지금까지
계속되고 있습니다.

── 스웨덴의 복지 철학
스웨덴 복지의 구체적인 모습을 살펴봅니다. 스웨덴 복지는
철저히 생활 속의 현실 문제를 다루고 있습니다. 그리고 국민
개개인의 입장에 서있습니다. 국민 한 사람이 겪는 어려움의
관점에서 접근합니다. 말하자면 이념적이거나 추상적이지
않습니다.

스웨덴의 복지는 두 개의 큰 기둥으로 이루어져 있습니다.
하나는 노동 정책입니다. 다른 하나는 가족 정책입니다. 즉
하나는 직업, 다른 하나는 가족을 돌보는 문제입니다. 우리의
생활에 가장 가까이 있는 두 가지 문제를 중심으로 국가 정책이
수립돼 있는 것입니다. 우리의 삶은 태어나서, 공부하고,
성장해서, 취직하고, 결혼해서, 아이를 낳고, 교육시키고, 집을
사고, 부모님을 부양하는 과정으로 이루어져 있습니다. 우리

모두가 살아가는 모습입니다. 스웨덴에서는 이 문제들이 곧 국가 정책들입니다.

우리에게는 지극히 개인적인 문제로 느껴지는 이 일들이 스웨덴에서는 국가 정책인 것입니다. 무슨 거창한 이념 문제가 아니고 이데올로기 문제도 아닙니다. 미래의 문제도 아니고 가치의 문제도 아닌 것입니다.

두 개의 축 중에서도 더 중요한 것이 노동 정책입니다. 즉 취업 정책입니다 집안의 경제를 유지하려면 우선 직장이 있어야 합니다. 그래서 복지 국가의 가장 큰 임무도 일하고자 하는 사람을 노동 시장에 참여시키는 것입니다. 이 임무가 가장 중요합니다. 일할 사람이 일하지 못하면 복지의 다른 한 축인 가족 정책, 즉 육아, 교육, 주택, 노인 부양도 불가능하기 때문입니다.

스웨덴 복지 철학을 다시 한 번 요약하자면 이렇습니다.

1. 모든 사람을 노동 시장에 참여시킨다.
2. 이를 위해서 평등한 교육, 소득 지원과 사회서비스를 지원한다.

사회적 약자들을 노동 시장에 진입시키는 데 복지 정책의 초점이 있는 것입니다. 복지라는 것이 취직을 시키는 것을 목표로 하고 있는 것입니다. 스웨덴에서 복지란 취직할 수 있게 도와주는 것 또는 취직할 수 있게 만드는 것을 의미합니다.

우리나라에서 흔히 복지라는 단어를 사용할 때의 의미와는 매우 다릅니다. 우리나라에서는 복지 정책이 철학 없이 졸속으로 도입되는 바람에 여러 가지 오해를 사고 있습니다. 최근에는 무상 시리즈, 지원금 지급, 현금 지원이 마치 이상적인 복지이고 복지의 모든 것인 것처럼 받아들여지고 있습니다.

스웨덴의 복지는 완전 고용과 보편 복지를 동시에 추구합니다. 완전 고용이 되어야 보편 복지를 할 수 있다는 생각입니다. 완전 고용이 되면 경제 활동도 활성화되고 국가의 세수도 늘어 보편 복지를 할 수 있다는 것입니다. 반대로 완전 고용이 안 되면 보편 복지도 되지 않는다고 보는 것입니다.

스웨덴 복지 정책이 가진 또 하나의 중요한 철학은 '의존'하지 않도록 한다는 것입니다. 복지의 목표가 국민 한 사람 한 사람이 독립적인 개인으로 살아가도록 해야 한다는 것입니다. 다른 존재에게 의존하지 않는 독립적인 인격체가 되는 것을 돕는다는 것입니다. 다른 사람에게 의존하지도 않고 국가에도 의존하지 않도록 한다는 것입니다. 예를 들어 한 가정 내에서 남편은 국가에 의존하지 않도록 하고 부인은 남편에게 의존하지 않도록 합니다. 자녀들도 부모들에게 의존하지 않도록 합니다.

스웨덴의 복지 제도가 완전 고용을 목표로 한다는 것은 우리에게는 매우 의미심장합니다. 복지가 고용을 촉진하는 경로라는 것입니다. 바꿔 말하면 복지만으로 살아갈 수 있게 하지는 않는다는 것입니다. 복지만으로 살아갈 수 있게 하는 것은 그 사람을 정부에 의존하게 만든다는 것입니다. 물론 복지 외에는 살아갈 수단이 없는 경우에는 예외입니다.

당신과 함께 인존국가를 만들어가고 싶습니다. 멋진 철학과 구체적인 목표 그리고 장기적인 계획으로 무장하고 말이지요!

2 새로운 표준을 만들어봅시다

우리가 지금 살아가는 방식이 만족스러우신지요? 이대로 계속 살아가는 것이 괜찮다고 생각하시는지요? 아니면 조금 바꿔봤으면 좋겠다고 생각한 적은 없으신지요? 바꾼다면 어떻게 바꿨으면 좋겠다고 생각하시는지요?

사실 이 질문들은 저 자신에게 던지는 질문이기도 합니다. 이렇게 그냥 살아가면 되나? 아니면 뭘 좀 바꿔야 하나? 질문을 던지다가 때로는 부정적이 되기도 합니다. 내가 그런 생각을 한다고 바뀌기는 하나? 쓸데없는 생각을 할 필요가 있나?

그런데 생각을 해볼 필요는 있는 것 같습니다. 생각조차 못할 필요는 없지 않겠습니까? 먼저 우리들이 살아가고 있는 방식부터 생각해봅니다. 지금의 우리의 삶의 방식은 서구적 표준을 따르고 있습니다. 사고방식과 철학에서부터 정치 체제와 경제 구조 그리고 주거와 옷차림까지 거의 모든 삶의 양식을 서구적 표준에 따라 살아왔습니다. 근대 산업혁명과 정치혁명을 거치면서 서구 유럽에서 발전된 정치·경제 체제와 그리고 과학 기술을 따르고 있습니다.

우리는 이 방식에서 대단히 성공했습니다. 전 세계에서

가장 성공한 사례 중의 하나일 것입니다. 서구 문명의 두 축인 민주주의와 자본주의를 모두 성공시켰습니다. 정치적으로는 권위주의 정권을 물리치고 국가 폭력이 없는 국가, 고문이 없는 국가를 만들었습니다. 경제적으로도 성공했습니다. 굶어 죽는 사람을 없애고 전염병으로 죽는 사람을 줄이고 소득과 삶의 질을 높여 왔습니다.

그런데 조금씩 문제가 생기기 시작했습니다. 서구의 삶의 양식을 집중적으로 받아들이다 보니 그 부작용까지 과도하게 받아들이게 된 것입니다. 한편에서는 서구적 모델의 모범생으로 평가 받으면서 또 다른 한편으로는 서구적 모델에 과도하게 몰입된 문제를 잉태하게 됐습니다.

── 5대 절대 과제를 푸는 해법
저는 이렇게 잉태된 문제들을 5대 과제로 정리해보았습니다. '절대 과제'라고 부를 만한 과제들입니다.

1. 기후 위기
2. 빈부 격차
3. 저출생 고령화
4. 남북 갈등
5. 4차 산업혁명

이 과제들에 동의하시는지요? 이 과제들은 남북 갈등을 빼고는 세계의 많은 나라들이 직면하고 있는 문제들입니다. 전

세계에서 거의 동시적으로 또는 시차를 두고 진행되고
있습니다.

이 문제들은 해법이 거의 없습니다. 지금의 세계 체제,
자본주의 단일체제에서 비롯된 고유한 문제이기 때문입니다.
세계 체제의 내부적 모순에서 비롯된 문제들인 것입니다.
근본문제라고 할 수 있습니다. 세계화와 도시화, 금융화가 전
지구적으로 진행되고 있고 이 흐름의 부작용이 바로 우리가
겪고 있는 절대 과제들인 것입니다.

이 5대 과제 중에서 첫 번째 '기후 위기'가 가장 심각한
문제입니다. 인류 전체를 위협할 만큼 큰 문제입니다.

대한민국에게 가장 중요한 문제는 두 번째 '빈부
격차'입니다. 빈부 격차, 불평등, 양극화의 문제는 거의 대부분의
국가들이 겪고 있는 문제들입니다. 동시에 확실한 해법을
가지고 있는 나라가 없는 것이 문제이기도 합니다. 말하자면
우리가 따라 배울 나라나 정책이 정확하게 존재하지 않습니다.
스스로 해법을 찾아야 하는 것입니다.

따라서 우리가 새로운 삶의 방식을 '창조'해야 합니다. 마치
신생 미국이 대통령을 '창조'했듯이 말입니다. '근본적인 변화'가
필요합니다. 지금 우리가 당면한 문제들은 작은 정책들로는
해결되지 않습니다. 우리가 새로운 삶의 방식을 창조해야
합니다. '새로운 표준'을 제시해야 합니다.

어떻게 새로운 삶의 방식을 창조해야 할까요? 인류의
역사를 돌이켜보면 변화는 늘 '인간의 존엄'을 둘러싸고
일어났습니다. 인간(사람)이 변화의 대상이면서 동시에

주체입니다. 먼저 인간의 존엄이 '확대'되는 방향으로 변화를
일으켜야 합니다. 그러면 뒤이어 존엄이 확대된 사람들이
변화를 이끌어갑니다. 선행 변화가 후행 변화를 이끌고 가는
것입니다. 마치 영국의 명예혁명이 산업혁명을 이끈 것과
같습니다. 그 반대의 방향이어도 상관 없습니다. 인간의 존엄을
확대하는 방향으로 새로운 삶의 방식을 창조해야 한다는
것입니다.

　　누가 그 일을 해야 할까요? '인간의 존엄'을 잘 지켜온
사람들이 해야 합니다. 그리고 할 수 있습니다. 바로
'대한민국'입니다. 대한민국이 그 조건을 가지고 있습니다.

　　── 대한민국이 해야 하는 이유
왜 대한민국이냐고요? 대한민국이 '존엄 국가'이기 때문입니다.
대한민국은 '비폭력' 국가이기 때문입니다. 지구상에서 선진
문명을 이룩한 국가들 가운데 다른 나라를 향해 폭력을
행사하지 않은 나라들이 거의 없습니다. 특히 자본주의의 발전
과정에 있어서는 더더욱 그렇습니다. 다른 나라를 침략하고 그
나라 사람들의 존엄을 해친 경험을 가지고 있지 않은 국가가
거의 없다는 것입니다. 대한민국은 다른 나라를 향해 폭력을
행사한 경험을 가지고 있지 않습니다. 이 점은 매우 중요한
자산이며 자질입니다.

　　자본주의의 발전 과정을 성찰해봅니다. 자본주의의 성장
과정에서 대한민국은 독특한 위치를 차지합니다. 자본주의를
도입해서 성장을 시작한 국가들은 일정 시간이 지나면 시장의

포화상태에 직면하게 됩니다. 자국에서 생산한 상품들을 자국 안에서 모두 소비할 수 없기 때문입니다. 생산량이 빠르게 늘어나는 반면에 소비가 그만큼 성장해주지 않기 때문입니다. 그래서 해외로 시장 개척에 나서게 됩니다. 그것이 무력을 동반하면 제국주의가 되는 것입니다. 지금의 선진국들은 예외 없이 제국주의 국가들이었습니다. 제국주의적으로 시장을 확보해가면서 부를 축적해왔습니다.

대한민국은 제국주의를 거치지 않고 제국주의 국가들을 따라잡은 유일한 국가입니다. 무력에 의하지 않고 성숙한 자본주의 국가에 도달한 유일한 국가입니다. 카를 마르크스와 레닌의 제국주의론이 적용되지 않는 나라입니다. 마르크스와 레닌의 제국주의론은 국가나 기업이 과잉 생산된 상품을 이윤으로 전환시키기 위해 시장을 무력으로 장악하는 것을 의미합니다. 그런 점에서 레닌은 제국주의를 자본주의의 최고이자 최후의 단계라고 규정했습니다. 대한민국에 관한 한 레닌의 이론은 틀렸습니다.

그러면 대한민국은 어떻게 제국주의적 약탈 없이 자본주의 성숙 단계로 올라설 수 있었을까요? 요약하면 한편으로는 기업적 활력 그리고 다른 한편으로는 국민들의 헌신과 희생이 있었습니다. 이 두 가지 요인으로 인해 대한민국은 인류 역사에 그 사례를 찾아볼 수 없는 업적을 남기고 있습니다.

문제는 헌신하고 희생하고 있는 사람들입니다. 이 분들은 세대별로 보면 청년, 성별로 보면 여성, 공간적으로 보면 지방(지역), 고용 형태로 보면 비정규직이 바로 그들입니다.

그들의 헌신과 희생이 길어지면서 대한민국은 양극화와 빈부
격차, 불평등이 매우 심한 나라가 됐습니다. 그리고 우리는 빈부
격차 문제를 시급히 해결해야 하는 과제로 안게 됐습니다.

그럼에도 불구하고 폭력적인 방법으로 시장을 확보하지
않은 채 자본주의 고도화를 이룩한 점은 높이 평가받아야
합니다. 이 경험은 새로운 문명, 인존시대를 열어가는 데 큰
자산입니다. 우리는 새로운 문명, 인존시대에 걸맞는 조건을
갖추고 있습니다. 인존 문명의 가장 기본적인 자산이
비폭력입니다.

결국 새로운 세상은 비폭력 국가인 '대한민국'이 '인간의
존엄'이 확대되는 방향으로 '창조'할 수 있는 것입니다. 다만 할
수 있다거나 자격을 갖췄다는 것이 실제로 그렇게 한다는
것과는 다릅니다. 우리가 실제로 실행하는 것은 또 다른
문제입니다. 우리들이 단단히 결의하고 실천 계획을 세우고
난관을 뚫고 앞으로 나아갈 때에만 가능한 일입니다. 새로운
세상은 그렇게 해야만 만들어질 수 있습니다.

변화의 시기에는 주체의 교체가 일어납니다. 큰 변화의
시기에는 큰 교체가 일어납니다. 작은 변화의 시기에는 작은
교체가 일어납니다. 변화를 주도하는 주체가 생깁니다. 그리고
변화를 따라잡지 못하는 비주체(주체가 되지 못하는 주체라는
뜻에서 제가 만든 신조어입니다)가 생깁니다. 인류의 역사는 그
생생한 증거들을 보여주고 있습니다.

우리는 큰 변화의 시기에 늘 비주체였습니다. 그 결과로
다른 나라의 침략을 받기도 하고 식민지가 되기도 했습니다.

변화의 시대에 다시 뒤떨어져서는 안 됩니다. 우리가 변화의
주체로 나서야 합니다. 꼭 그렇게 해야 합니다.

우리가 앞으로 나서는 일은 어렵지 않습니다. 우리가
인간의 존엄을 향해서 먼저 나아가면 됩니다. 나머지는 역사의
진전을 따라 저절로 이루어질 것입니다.

3   최상위의 표준,
헌법을 개정하자

근본적인 변화가 필요합니다. 작은 처방으로는 안 됩니다.
그래서 헌법을 바꿔야 합니다. 우리가 살아가는 삶의 표준
중에서 최상위의 표준이 바로 '헌법'입니다. 헌법은 한 국가를
규정하고 규율하는 전체 구조의 기본 틀입니다. 대한민국
헌법은 대한민국의 기본 틀입니다. 대한민국이 어떤 나라인가를
보려면 대한민국의 헌법을 보면 됩니다. 대한민국의 헌법은
대한민국이 어떤 국가인가를 나타내는 상징입니다.

헌법은 매우 추상적 가치들로 이루어집니다. 그 추상적
가치들은 법률로 구체화됩니다. 그리고 제도로 만들어지고
문화가 되어 우리 삶을 규정하게 됩니다. 따라서 최상위의
표준을 바꾼다는 것은 우리들의 삶을 바꾸는 결과를 낳게
됩니다. 지금 우리가 사는 세상에 문제가 있다면 우리가 가지고
있는 추상적 준거들, 그중에서도 큰 영향력을 끼치는 헌법이
시대에 뒤떨어져 있는지 성찰해봐야 합니다.

인류의 역사에서 헌법이 생긴 것은 매우 중요한 사건이었습니다. 헌법은 근대국가가 성립하면서 생겼습니다. 절대왕정이 붕괴되고 근대로 이행하면서 헌법이 탄생하게 된 것입니다. 절대왕정 시대에 권력의 주인은 전제군주였습니다. 왕이라고 불리는 전제군주는 절대적인 권력을 독점했습니다. 나라 전체의 권력이 왕 한사람에게 집중돼 있었던 것입니다.

이런 변화를 촉발한 것은 '인간' 또는 '독립적인 나'라는 생각의 탄생이었습니다. '주체적 인간 또는 나'라는 생각은 주권의 소유자가 '나'라는 생각으로 발전했습니다. 그때까지 왕에게 독점됐던 주권의 주인이 '개별적 인간, 나'로 바뀌었습니다. 그 자체로 큰 혁명이었습니다.

'나'라는 생각을 바탕으로 권력의 주인이 국민으로 바뀌었습니다. 영국은 명예혁명을 통해 왕의 권력을 의회로 분산시켰습니다. 이때 구체적으로 문서로 만들어진 헌법이 만들어지지는 않았지만 눈에 보이지 않는 헌법, 즉 헌법적인 규범 또는 불문 헌법이 만들어졌습니다.

추상적인 형태로 존재하던 헌법이 구체적인 모습을 드러낸 것은 미국 혁명에서였습니다. 미국은 1776년 독립 선언을 한 뒤 1787년에 연방헌법을 만들었습니다. 인류가 최초로 문서로 된 형태의 헌법을 가지게 된 것입니다. 프랑스는 프랑스 혁명이 끝난 뒤 1789년에 인권 선언을 선포합니다. 그리고 뒤이어 1791년에 헌법을 공포합니다. 그리고 이후 세계의 거의 모든 나라들이 헌법을 가지게 됩니다. 헌법이 왕을 대치하게 된 것입니다. 말하자면 헌법이 왕이 된 것입니다. 헌법은 왕입니다.

왕을 몰아낸 근대국가들은 선거를 통해 국가 기관들을
구성했습니다. 선거를 통해 통치를 위임하게 된 것입니다.
그리고 헌법은 선거를 통해 국가와 주권자인 국민들 간의
관계를 규정하게 됐습니다.

　　── 대한민국 헌법 제정과 9차례의 개헌
우리나라에서는 1919년 9월 11일 공포했던 대한민국 임시정부
헌법에서 헌법이라는 용어를 처음 사용했습니다. 그리고
독립국가 대한민국의 헌법은 1948년 7월 17일 제정되어
공포됐습니다. 현재 대한민국 헌법은 제6공화국 헌법입니다. 이
헌법은 1987년 6월 민주항쟁의 결과로 태어났습니다.

　　1987년 6월 민주항쟁의 요구는 '직선제 개헌'이었습니다.
6월 민주항쟁 당시의 국민들이 외친 구호는 '호헌 철폐, 독재
타도'였는데, '호헌 철폐'는 대통령 간접 선거, 일명 체육관 선거
제도를 폐지하라는 요구였습니다. 당시 전두환 정권은 체육관
선거를 통해 대통령을 선출하고 있었습니다. 직접 대통령을
선출하겠다는 당연한 요구가 분출됐습니다. 전두환 정권은 이
요구에 굴복하여 대통령 직선제와 5년 단임제를 골자로 하는
개헌이 이루어졌습니다. 그리고 제 6공화국이 성립됐습니다.
그리고 지금까지 유지돼오고 있습니다.

　　지금까지 대한민국 헌법은 1948년 제정된 이래 모두
9차례의 개헌이 있었습니다. 이 가운데 6번은 집권자들이
자신들의 권력을 연장하거나 권력을 강화하기 위한
개헌이었습니다. 헌법을 훼손하는 개헌들이었습니다.

1차 개헌은 1952년 발췌개헌이었습니다. 1954년에는 이승만의 종신 집권을 위한 사사오입 개헌이 있었습니다. 1961년의 5차 개헌은 5·16 쿠데타 이후의 개헌이었습니다. 1969년 6차 개헌은 박정희의 3선 개헌이었습니다. 1972년의 7차 개헌은 유신 헌법 개헌이었습니다. 1980년 8차 개헌은 전두환의 대통령 간선제 개헌이었습니다.

국민들의 힘으로 이뤄낸 개헌은 세 번뿐이었습니다. 첫 번째가 1960년 4·19 혁명에 이은 2공화국 개헌이었습니다. 두 번째는 4차 개헌으로 4·19에 따른 혁명 재판소를 설치하는 개헌이었습니다. 세 번째가 1987년 6월 항쟁에 뒤이은 대통령 직선제 개헌이었습니다.

1987년의 9차 개헌에 의해 6공화국이 성립했습니다. 그 기본 틀은 1961년 5·16 쿠데타 이후 출범한 3공화국 헌법입니다. 대통령제와 소선거구제 그리고 국회 단원제가 그 핵심이지요. 그 이후 여러 차례의 개헌을 했지만 대통령의 선출 방법과 임기만을 개정해왔습니다. 따라서 전체적인 골격은 그대로 남아 있습니다.

지금의 헌법이 1987년에서 시작됐다고 보면 2021년 시점에서 볼 때 34년 된 헌법이라고 볼 수 있습니다. 더 깊은 뿌리인 제3공화국 헌법에서 보면 60년 된 헌법입니다. 고칠 때가 됐습니다. 그 근본부터 고쳐야 합니다.

우리는 6월 민주항쟁을 통해 직선제를 관철시켜 정치적 민주화를 이룩했습니다. 직선제는 민주주의의 최소 요건입니다. 6월 민주항쟁은 국민들의 힘으로 민주주의를 연 위대한 성취였습니다. 이제 6월 민주항쟁의 업적을 잘 계승하고 그것을 뛰어넘을 논의를 시작해야 할 때가 됐습니다.

현행 헌법의 제1조는 우리에게 너무 익숙합니다. 광화문 광장에서 시민들이 외쳤던 바로 그 구절입니다.

제1항 대한민국은 민주공화국이다.
제2항 대한민국의 주권은 국민에게 있고, 모든 권력은
　　　국민으로부터 나온다.

이 조항은 독일의 바이마르헌법 제1조를 그대로 받아들인 것입니다.

제1항 독일제국은 공화국이다.
제2항 국가의 권력은 국민으로부터 나온다.

바이마르헌법은 독일이 제1차 세계대전에서 패한 뒤 독일 공화국으로 거듭나면서 제정한 헌법입니다. 1919년 8월에 제정됐습니다. 1933년 나치가 정권을 잡을 때까지 효력을 발휘했습니다.

바이마르헌법은 생존권적 기본권을 규정한 민주주의 헌법의 전형입니다. 이후 다른 나라 헌법에 많은 영향을 준 것으로 평가되고 있습니다. 그러나 우리 3공화국 헌법은 바이마르헌법 중에서 이런 요소들은 받아들이지 않았습니다.

1987년 마지막 개헌이 있었습니다. 이후 빈부 격차와

양극화, 저출산 고령화, 과잉 도시화, 기후 변화,
일자리·주거·교육·의료 문제를 비롯해 많은 문제들이 노정되고
축적됐습니다. 대한민국이 마주하고 있는 과제들을 해결하는
것이 매우 시급합니다. 그럼에도 불구하고 6공화국 헌법은 이런
문제들에 대한 해결을 지향하는 정신들을 담고 있지 못합니다.
시대 정신을 담고 있지 못하고 있는 것입니다. 새 시대의 새로운
철학, 새로운 준거 틀을 가지고 있지 못합니다.

　　── 인존헌법: 제7공화국 헌법
시대가 바뀌면 헌법은 새로운 시대정신을 담아야 합니다.
헌법이 새로운 시대정신을 담은 추상적 준거를 제시해야
합니다. 그러면 국가는 그 추상적 준거에 따라 실제로 작동하는
법률을 만들게 됩니다. 그리고 새로운 정책과 제도도
만들어갑니다.

　　먼저 헌법이 개정돼야 합니다. 그것이 매우 중요합니다.
작은 변화로는 시대의 변화를 따라잡을 수 없습니다. 우리 삶을
바꾸기 위해서 먼저 헌법을 바꿔야 합니다.

　　① 전문: 동학혁명과 광주혁명 ── 인존 헌법의 전문에는
동학혁명과 광주혁명이 포함돼야 합니다. 동학혁명은 절대
군주제와 신분제도, 남녀 차별을 끝내고 근대를 연
혁명이었습니다. 광주혁명은 민주주의를 연 혁명이었습니다.
그리고 이 두 혁명은 인존시대를 연 서막이기도 했습니다.
따라서 이 두 혁명은 7공화국 헌법에 명기돼야 합니다.

현행 헌법에는 우리의 자랑스러운 민주주의 역사를 연민주항쟁으로 3·1 만세 운동과 4·19 혁명만 들어 있습니다.

② 기본 철학: '인간의 존엄' — 제7공화국 헌법의 기본 철학은 '인간의 존엄'입니다. 제1조 제1항에 인간의 존엄이 규정돼야 합니다.

제1항 인간은 존엄한 존재이다.
제2항 인간의 존엄을 보장하는 것이 대한민국이 존재하는 이유이다.

③ 분권 — 인존국가의 국민들은 자신의 삶을 스스로 결정할 수 있어야 합니다. 자신의 삶에 관련된 정부의 정책, 예산을 스스로 결정해야 합니다. 중앙집권주의는 독재로 이행하기 쉬운 체제로서 민주주의에도 역행하며 인간의 존엄을 훼손합니다.

④ 국가의 4대 의무: 직장·교육·주거·의료 — 인존국가는 국민들에게 의무를 집니다. 인간이 존엄하게 살아가는 데 필요한 필수적인 요소들입니다. 이 4대 의무는 직장, 교육, 주택, 의료입니다. 이 네 가지 국가의 의무는 모든 국민들에게 보편적으로 주어져야 합니다. 모든 국민에게 보편적인 접근권이 주어져야 합니다.

인존국가의 4대 의무 중에서도 가장 중요한 것이 바로

'직장(일자리)'입니다. 사실 '직장'만 주어진다면 나머지 교육, 주택, 의료는 어느 정도는 저절로 따라옵니다. 따라서 직장(일자리)을 제공하는 것을 인존국가의 가장 중요한 임무로 삼아야 합니다.

우리나라에서 직장은 개인과 기업의 관계로 결정됐습니다. 개인들이 기업의 채용에 응해서 계약 관계가 성립되는 것입니다. 그 수요와 공급에는 일종의 시장원리가 작동됩니다. 지금 단계에서는 공적인 역할, 국가나 정부의 역할은 매우 미미합니다.

그러나 인존국가에서 직장 제공은 국가의 의무입니다. 국가와 정부 그리고 공공 기관들은 기업과 더불어 국민들에게 직장을 제공하는 책임을 집니다. 직업은 인간 존엄의 중요한 수단이기 때문입니다. 직장은 경제적 수단이기도 하지만 더 나아가 사회적 관계 설정의 매개이기도 하고, 자아실현의 주요한 경로이자 자부심의 원천이기도 합니다.

정부의 존재 이유는 '인간의 존엄'을 보장하고 확대하기 위함입니다. 조직, 예산, 운영이 모두 인간의 존엄에 그 목표가 맞춰져야 합니다. 교육의 목적도 '인간의 존엄'입니다. 인간을 존중해야 하는 이유, 방법을 서로 배우고 실천하는 것이 바로 교육입니다.

인존국가의 주택은 국민들의 주거 공간입니다. 보편적으로 주어져야 합니다. 주택이 불로소득의 수단이 되거나 빈부 격차의 원인이 되어서는 안 됩니다.

인존국가에서 인간의 생명은 가장 귀하게 여겨져야 합니다.

국민들 개개인의 생명은 가장 귀중한 가치입니다. 건강이
지켜지는 정책이 세워져야 하고 아픈 사람은 누구든지 치료
받아야 합니다.

⑤ 양원제: 평등원·자유원 —— 인존국가의 국민들은
정치·경제적 갈등으로부터 자유로울 권리가 있습니다.
인존국가에서는 평등과 성장이 조화를 이뤄야 합니다.

⑥ 기후 위기와 생명권 —— 제7공화국 헌법에는 기후 위기에
대응하는 국가의 의무 그리고 탄소중립에 대한 의무가
명확하게 규정돼야 합니다.

⑦ 직접 민주주의 —— 정치권력을 형성하는 행정 권력, 입법
권력, 사법 권력은 국민들로부터 위임된 권력입니다. 국민들이
직접 입법·사법·행정 권력을 행사할 수 없으므로 투표를 통해
대리인을 뽑아 그 권력을 위임한 것입니다. 이 권력들은 1차
위임 권력이라고 볼 수 있습니다. 언론권력과 교육 권력과 여러
가지 공공 기관 권력 등도 마찬가지입니다. 이 권력들은 2차
위임권력이라고 볼 수 있습니다.
　　1차 위임 권력은 물론이고 2차 위임 권력도 인간의 존엄을
위해 복무해야 합니다. 권력의 하수인이 되거나 자신들이
스스로 권력이 되어서는 안 됩니다. 국민들이 위임한 권력을
남용하여 자신들의 권력과 이익을 확대하는 데 사용해서는 안
됩니다.

국가의 많은 부문에서 위임의 실패가 발생했습니다. 정치 개혁, 재벌 개혁, 검찰 개혁, 언론 개혁, 교육 개혁이 사회적 의제가 되는 이유입니다.

위임의 실패를 줄이기 위해 직접 민주주의를 확대해야 합니다. 그동안 직접 민주주의가 어려웠던 이유는 투표를 하는 데 드는 사회적 비용이 너무 컸기 때문입니다. 디지털화가 진행되면서 사회적 비용을 줄이고 매우 빠르게 사회적 의사 결정을 할 수 있는 수단이 생겼습니다. 국민들이 직접 의사 결정을 할 수 있는 기회를 늘려야 합니다.

인존국가에서는 국민들의 권력과 권리가 왜곡되거나 변질돼서는 안 됩니다. 직접 민주주의를 확대하여 위임의 실패를 줄이고 국민들을 위임 권력으로부터 보호해야 합니다. 직접 선거가 더 넓게 확대돼야 합니다. 법원, 검찰, 경찰의 대표들은 직접 선거로 선출돼야 합니다.

⑧ 직접 경제 ─ 인존국가의 국민들은 각자의 유통수단을 가져야 합니다. 자신이 만든 상품을 팔 수단을 가져야 하고 살 수단도 함께 가져야 합니다.

⑨ 남북 평화 ─ 인존국가는 남북 분단 체제의 전쟁 위험으로부터 국민들을 보호해야 합니다. 정치·경제·문화적 교류가 확대돼야 합니다. 자유롭고 평화로운 교류의 기회가 부여돼야 합니다.

2장 담대한 진보

1 새로운 대한민국
국가 비전

당신의 존재 양식을 결정하는 것들은 여러 가지가 있습니다. 수없이 많다고 말씀드릴 수 있습니다. 남성인지 여성인지, 몇 살인지, 어디에서 태어났는지, 부모가 누구인지, 누구와 결혼했는지 등등입니다. 이런 것들이 모여서 당신의 존재 양식을 결정합니다. 그 존재 양식들 중에서 단연 당신을 크게 규정하는 것이 당신의 직업입니다.

　직업은 소득을 결정합니다. 월급 받아서 결혼하고, 아기 낳아 기르고, 집 사고, 차도 사고, 여행하고, 저축하고! 거의 모든 경제 활동이 직업에 의해 결정됩니다. 직업에 따라 시간이 규정됩니다. 아침에 일어나서 출근하고 열심히 일하고 점심 먹고 퇴근하고 동료들과 한잔하고! 매일매일 반복됩니다.

　당신의 정서도 대부분 직장에 귀속됩니다. 때로는 성취감을 느끼고 때로는 좌절하고 때로는 힘들어하고! 이렇게 직업이 삶을 규정짓는 중요한 요소입니다. 따라서 인존국가에서는 국민에게 직업을 제공하는 것을 가장 중요한 임무이자 의무로 삼아야 합니다. 이것은 현재 대한민국이 당면한 최대 과제이기도 합니다.

— 빈부 격차의 원인은 '분배'에 있다

대한민국의 5대 절대 과제를 다시 상기해봅니다.

1. 기후 위기
2. 빈부 격차
3. 저출생 고령화
4. 남북 갈등
5. 4차 산업혁명

이 중에서 가장 중요한 것을 하나 고르라고 한다면 저는 '빈부 격차'를 고르겠습니다. 빈부 격차를 해결하는 것이 최우선 과제입니다. 빈부 격차가 저출산 고령화의 근본 원인입니다. 빈부 격차가 심화되면 4차 산업혁명으로의 진화가 어려워질 수 있기도 합니다. 남북이 화해하는 데 장애가 될 수 있는 사안이기도 합니다. 기후 위기에 대응하는 투자가 어려워질 수 있습니다. 따라서 이 빈부 격차 문제를 푸는 것이 대한민국의 임무여야 합니다.

빈부 격차가 발생하는 원인은 단순합니다. '분배'가 잘 이루어지지 않기 때문입니다. 분배 제도가 부실하거나 작동하지 않기 때문입니다. 부富가 집중되는 것은 자본주의에 내재된 작동

원리입니다. 그러나 그 집중이 더 심화된 것은 소위 '신자유주의'
이후입니다. 신자유주의는 거대한 속임수였습니다. 신자유주의
이후 직장(일자리)가 줄어들고 비정규직이 늘었습니다. 그
결과로 빈부 격차가 더 커졌습니다.

빈부 격차 문제의 핵심은 '분배'입니다. 경제학에 '기능별
소득 분배 이론'이라는 것이 있습니다. 이 이론은 사회 집단을
지주(땅 소유자), 노동자(노동력 제공자), 자본가(자본 제공자)로
나눕니다. 그리고 그 세 부류 간에 소득이 어떻게 분배되는가를
다루는 이론입니다. 동시에 이 이론은 어떻게 하면 소득이
공정하게 분배되는가를 다루고 있습니다.

이 이론에 따르면 소득 분배에는 두 가지가 있습니다. 1차
분배와 2차 분배입니다. 1차 분배는 '본원적 분배'라고 하고 2차
분배는 '재분배'라고 합니다. 이론은 복잡하지만 단순하게
정리하자면 1차 분배는 월급이고 2차 분배는 복지입니다.

당신은 어떻게 돈을 버시나요? 당신의 소득은 어떻게
이루어져 있습니까? 뭐 아주 쉬운 질문입니다. 대부분의 소득은
1차 분배에서 발생합니다.

월급이 500만 원 정도라면 이것이 그 가정의 주
수입원입니다. 그리고 2차 분배 즉, 복지 소득이 있습니다. 만약
코로나19로 인해 재난 지원금을 36만 원 받았다고 하면 월 3만
원이 복지 수입이 됩니다. 따라서 당신의 월수입은 총 503만
원입니다. 월급, 다른 말로는 임금 소득 또는 노동 소득이
압도적으로 주 수입원입니다. 주 수입원이 당신의 경제적
정체성인 것입니다.

복지 소득은 정부에서 지급하는 재난지원금, 아동 수당 같은 것들입니다. 그 액수가 매우 적습니다. 최근에는 이런 수당이 조금씩 늘고 있습니다. 그렇지만 아무리 늘어도 복지 수입이 주 수입원이 될 수는 없습니다. 복지를 늘리려면 세금을 올려야 하기 때문에 앞으로도 크게 늘어나기가 힘듭니다. 복지는 그것이 무슨 복지이든 어디까지나 보조 수단이고 부수적 수단입니다.

이자 소득도 있을 수 있습니다. 월급을 모아서 은행에 예금한 뒤 받는 이자 소득입니다. 그렇지만 자산을 웬만큼 가진 분이 아니시면 대부분의 사람들에게 이자 소득은 큰 의미가 없습니다. 결국은 월급이 핵심입니다.

기능별 소득 분배 이론에 따르면 분배가 공정하게 되기 위해서는 기본적으로 1차 분배가 잘 돼야 합니다. 1차 분배가 잘 되기 위한 조건은 다음과 같습니다.

1. 완전 고용이 달성돼야 한다.

2. 물가 안정이 돼야 한다.

3. 교육 기회가 공평하게 보장돼야 한다.

4. 자유롭고 자율적인 시장 경쟁이 보장돼야 한다.

5. 경제 정의가 바로 서 있어야 한다. 투기와 부패가 성행하고 이를 통한 불로소득이 보호되는 상황에서는 공정한 1차 분배가 이루어질 수 없다.

결국 일자리가 분배의 핵심입니다.

── 고용국가

지금 우리가 겪고 있는 일자리 문제는 두 가지로 요약됩니다.
하나는 취업이 이루어지지 않는다는 점, 즉 실업문제입니다.
월급을 받지 못하는 사람들은 취직시켜서 월급을 받게 해야
합니다. 다른 하나는 불완전 고용, 즉 비정규직 문제입니다.
월급을 적게 받는 사람들은 정당한 월급을 받도록 해야 합니다.
이 두 가지 문제를 해결해야 합니다.

강조하기 위해서 반복해서 말씀 드립니다. 그만큼 중요한
문제이기 때문입니다. 직업이 중요합니다. 일할 기회를
보장하는 것이 인존국가의 최고 의무입니다. 인존국가는 그
구성원들에게 일자리를 제공하는 것을 최고의 목표로 삼아야
합니다. 인존국가를 구성하는 모든 정부 기관과 기업과 공공
기관들 모든 당사자들이 취직의 기회를 제공하는 데 함께
나서야 합니다.

① 취직 사회책임제 ── 강원도에서 시작한 제도입니다.
경제계와의 협의를 통해 마련한 안이기도 합니다. 따라서
경제계에도 큰 도움이 되는 정책입니다. 지금까지 취업은
취업을 하려는 개인과 기업 간의 관계로 이루어졌습니다.
취업을 하려는 사람의 입장에서 보면 취업은 순전히 개인
역량의 영역에 속하는 일입니다. 기업의 입장에서는 인재를
구하는 일이 순전히 기업의 역량에 관한 일이었습니다. 고용과
일자리를 시장 원리에 맡겨놓은 것입니다.

정부가 고용을 촉진하고 지원하는 기능을 하고 있지만

어디까지나 보조적이고 소극적인 역할에 머무르고 있습니다. 정부의 지원 정책에도 불구하고 실업률 특히 청년 실업률은 여전히 높습니다. 빈부 격차도 여전하고 저출산 고령화는 더 심해지고 있습니다. 그리고 인구는 줄어듭니다. 경제가 악순환 또는 축소 순환하게 될 가능성이 높아집니다.

실업자가 늘면 소비는 줄어들고 인구의 감소도 소비의 감소로 이어집니다. 소비 감소는 생산 위축의 원인이 됩니다. 기업들은 투자를 줄이게 됩니다. 기업 의욕이 떨어지고 노동의욕도 떨어지는 현상이 벌어질 수 있습니다. 이런 악순환과 축소 순환의 고리를 선순환 또는 확장 순환의 사이클로 바꿔놔야 합니다.

단순한 문제가 아니고 복합적이고 중층적이고 입체적인 매우 어려운 문제입니다. 오래 누적된 문제이기도 하고 세계 체제의 문제이기도 합니다. 단번에 해법을 찾을 수는 없습니다. 우선 첫 단추를 잘 꿰고 다음 단계로 나아가야 합니다.

'취직 사회책임제'가 첫 단추입니다. 일자리를 개인과 기업에 맡겨둘 것이 아니라 국가가 적극적으로 개입해서 책임지자는 정책입니다. 북유럽 복지 국가의 일자리 정책을 적극적 노동 정책이라고 합니다. 이 정책은 그것을 넘어서는 '매우 적극적인 노동 정책'이라고 할 수 있습니다.

'매우' 적극적인 노동 정책은 국가 체제 전체를 일자리에 맞춘다는 것입니다. 정부의 예산을 일자리 위주로 편성합니다. 금융 대출을 할 경우에도 일자리를 중심으로 정책을 만듭니다. 금리를 차별화하는 것입니다. 일자리를 많이 만드는 기업의 경우 금리를 싸게 해줄 수도 있습니다. 보조금 정책도 일자리와 관련해서 조정합니다.

더 나아가 예산으로 '임금'까지 지원합니다. 지금까지 임금은 전적으로 기업의 책임이었습니다. 기업이 책임지고 임금을 지불하는 것이 너무나 당연한 것으로 여겨져 왔습니다. 인존국가에서는 국가가 임금 문제에 적극적인 역할을 합니다.

강원도는 '취직 사회책임제'를 구체적으로 실험하고 있습니다. 취직 사회책임제의 구체적인 내용은 이렇습니다. 기업이 정규직 직원 1명을 새로 고용할 경우, 지방정부가 매달 100만 원의 월급을 지급하고 기업은 나머지 월급만 지급합니다. 동시에 1명을 고용하는 기업에게 3,000만 원을 낮은 금리로 빌려줍니다. 그리고 고용을 3년 유지하면 빌린 돈의 30%를 탕감해줍니다. 기업의 고용 활동을 직접 지원하는 것입니다.

지금까지 지방정부든 중앙정부든 기업의 고용에 대하여 직접 월급의 일부를 지급하는 것은 전례가 없던 일입니다. 지금까지 기업의 고용을 촉진하는 여러 정책들이 있었지만, 간접적인 지원 정책이었기에 제대로 작동하지 않고 있습니다. 기업의 입장에서 간접적인 지원은 기업이 지는 부담에 비해서 유명무실합니다. 그래서 거의 작동이 되지 않았습니다.

그러나 강원도의 '취직 사회책임제'는 어디에서도 시행해본 적이 없는 정책입니다. 현장의 기업들과 깊이 있는 토론을 거쳐 결정한 만큼 성공 가능성이 매우 높다고 판단하고 있습니다. 시행해가면서 완성도를 높여나갈 예정입니다. 직접적인 임금 지원 정책으로 강원도는 시작 첫해에 1만 6,500명을 새로

취직시키는 것을 목표로 하고 있습니다. 전체 강원도 실업자의 절반 정도에 해당하는 숫자입니다.

이 제도가 전국으로 확대돼야 합니다. 만약 이 제도를 시행한다면 명목 실업자 114만 명(2021.5)을 전부 취직시킨다고 할 때 13조 6,000억 원이 소요됩니다. 충분히 감당할 만한 액수입니다. 이 분들이 전부 취직될 경우 실업 수당이 지급되지 않기 때문에 예산 부담이 훨씬 줄어들게 됩니다. 더불어 이 분들로부터 다시 세금을 걷을 수 있게 됩니다. 무엇보다 전체적으로 경제적 역동성을 회복할 수 있고 실업으로 생기는 사회적 비용도 줄일 수 있습니다. 무엇보다 그분들의 자존감을 살려 인간의 존엄을 실현할 수 있습니다.

② 겐트 시스템(일자리 안심공제) — 역시 강원도에서 채택한 모델입니다. 벨기에의 겐트 지방에서 먼저 시작했다고 해서 붙여진 이름입니다. 고용 보험제도 중의 하나입니다.

노동자들은 해고되면 생존의 위협을 받습니다. 그래서 겐트 지역의 노동조합이 실업 보험 제도를 만들었습니다. 재직 기간에 일정 금액을 적립합니다. 그리고 해고되면 적립했던 돈을 찾아 씁니다. 65세 이후에도 연금처럼 지급받습니다.

이 제도는 처음에는 노동조합에서 상호부조로 시작했습니다. 이 제도가 호응을 얻어 나중에는 정부가 지원하고 기업도 함께 지원하게 됐습니다. 그래서 노사정 대타협의 모델이기도 합니다.

이 제도는 노동조합이 먼저 시작했습니다. 이 제도의

혜택을 받기 위해서 꼭 노동조합에 가입할 의무가 있는 것은
아니었지만 대부분의 가입자들이 노동조합에도 가입했다고
합니다. 그래서 많은 사람들이 노동조합에도 가입하게
됐습니다. 북유럽 국가들에서 80% 또는 90% 수준을 보이는
노동조합 가입률의 비밀이 바로 이 겐트 시스템에 있습니다.

지금은 이 제도가 확대되고 발전하여 실업 상태가 되면
자신이 받던 임금의 70~80% 정도를 받습니다. 때때로 지급 받는
액수가 너무 많다거나 적다는 논쟁이 벌어지는 등의
우여곡절을 겪기도 합니다. 하지만 이 제도는 북유럽 복지
국가의 기초적인 토대로 자리 잡고 있습니다.

강원도는 이 시스템을 도입해 시행 중입니다. 바로 '일자리
안심공제'라는 제도입니다. 피고용인이 매달 15만 원을 내면
기업이 15만 원을 함께 내고 지방정부가 20만 원을 보탭니다.
도합 50만 원이 매달 피고용인에게 적립됩니다.

노사 모두에게 만족도가 높습니다. 피고용인에게는 즉각
임금 인상 효과가 있습니다. 그리고 매달 일정 금액이
적립되니까 안정감을 가지게 됩니다. 기업에서는 돈이 조금 더
나가지만 직원들이 이직하지 않고 장기근속을 하므로 숙련도가
높아지게 됩니다. 중소기업들은 이직률이 높기 때문에
신입사원을 선발해서 교육시키는 비용이 많이 듭니다. 따라서
기업에게도 이익이 됩니다. 노사 모두에게 만족스러운
정책입니다. 이 제도가 확대되면 연금이 됩니다. 노사정이
함께하는 연금이 됩니다. 이런 형태의 고용 보험이 전 국민에게
시행돼야 합니다.

── 기후 위기 대응 국가: 수소사회

은하수의 기억을 다시 말씀드립니다. 당신과 함께 마당에 누워 은하수를 다시 볼 수 있는 날을 기다려봅니다. 그러고 보니까 은하수가 보이는 하늘을 만드는 일이 인류를 구하는 일일 수도 있다는 생각이 듭니다. 우리가 인류를 구하지는 못하겠지만 우리가 해야 할 일을 적극적으로 할 수는 있을 것입니다. 당신과 함께해내야 합니다.

기후 위기는 특히 미래 세대에게 큰 위협이 아닐 수 없습니다. 우리는 기후 위기에 대응하기 위해 탄소중립에 혼신의 힘을 다해야 합니다.

탄소중립에 접근하는 패러다임을 바꿔야 합니다. 탄소중립은 거대한 새로운 경제입니다. 대한민국이 새로운 에너지 기술을 개발하고 새로운 표준을 만들고 그 표준에 따라 세계의 기후 위기 산업을 주도할 수 있다는 생각을 해야 합니다. 수세적이고 소극적이어서는 안 됩니다. 탄소중립은 우리에게 큰 기회입니다. 미래 세대에게는 중요한 먹거리입니다. 탄소중립을 통해서 미래 세대들에게 경제적 활로를 열어줄 생각을 해야 합니다.

기업들에게 탄소중립을 강요하는 방식으로는 탄소중립이 되지 않습니다. 탄소중립이 기업들에게 이득이 되거나 최소한 손해가 발생하지 않는 방식으로 해야 합니다. 과거에는 이런 패러다임이 불가능했으나 최근에 이르러 가능성이 매우 빠르게 커졌습니다. 새로운 기술이 빠르게 개발되고 있기 때문입니다.

두 가지 길이 있습니다. 하나는 새로운 청정에너지를

국가적으로 지정하여 보편 연료로 보급하는 일입니다. 저는 그 청정에너지가 수소 특히 액화 수소라고 생각합니다. 두 번째 길은 탄소의 포집입니다. 굴뚝으로 배출되는 이산화탄소를 포집해서 경제적으로 활용할 수만 있으면 즉시 가능한 일입니다. 이미 기술이 개발돼 있습니다.

파리 협약(2조 1항, 4조 19항)과 제21차 기후 협약 당사국 총회 결정문(35항)은 모든 당사국이 2050년까지의 장기 저탄소 전략을 세워서 2020년까지 제출할 것을 요청했습니다. 파리 협약은 지구의 온도를 산업화 이전에 비해 2도 이상 올라가지 않도록 억제하고, 나아가 1.5도 이내를 달성하도록 각국의 참여를 촉구했습니다.

우리나라는 온실가스 배출량 세계 11위 국가입니다. 역대 정부는 탄소중립에 대해 수세적 자세를 취해왔습니다. 기업에 부담이 되기 때문이었습니다. 그러다가 2020년 12월 21일 제22차 비상경제 중앙대책본부회의에서 '2050 탄소중립 추진 전략'을 발표했습니다.

파리 협약은 참가국들의 미온적인 태도와 이해의 불일치 그리고 본래의 취지를 벗어난 정치적 이용으로 구체적인 성과를 내지 못하고 있습니다.

대한민국은 기후 위기에 대응하는 의지와 역량을 최대한 발휘해서 국제사회의 리더십을 확보해야 합니다. 그래서 첫 번째는 국제사회의 선두에서 파리 협약을 구체적으로 실천하고, 두 번째는 탄소중립 기술에 적극 투자하여 주도적으로 표준을 만들어야 합니다.

강원도는 2019년 6월에 온실가스 감축 목표와 로드맵을 마련했습니다. 강원도 특성을 고려한 온실가스 감축 전략을 제시했습니다. 그 핵심은 2040년까지 탄소중립을 달성한다는 것입니다. 파리 협약의 요구와 국가의 계획보다 10년을 앞당긴 목표입니다.

2019년 우리나라의 온실가스 총 배출량은 7억 톤 정도입니다. 이중 강원도의 배출량은 4천만 톤가량 됩니다. 이 4천만 톤 중에서 숲을 통해 회수되는 양이 8만 톤입니다. 그러니까 순 배출량은 3천만 2천 톤 정도입니다. 이 3천만 2천 톤을 2040년까지 제로로 줄이는 것이 강원도의 계획입니다.

— 디지털 국가

나라 전체를 디지털 기반 사회로 바꿔야 합니다. 매우 적극적으로 디지털 사회를 만들어야 합니다. 디지털 기반 사회에서는 국민 한 사람 한 사람이 디지털 정체성을 가집니다. 디지털 인격, 디지털 신분증을 가집니다. 디지털 인격으로 정치 활동, 경제 활동, 사회 활동, 문화 활동을 비롯한 모든 인간 활동을 합니다.

인존 국민은 디지털 세상 속에서 지금까지와는 전혀 다른 존재가 됩니다. 그는 그가 원하는 모든 것이 될 수 있습니다. 정치인이 되기도 하고, 사장이 되기도 하고, 노동자가 되기도 하고, 생산자가 되기도 하고, 소비자가 되기도 합니다. 방송인이 되고 싶다면 방송사 사장이 될 수도 있고, 제작자가 될 수도 있고, 앵커가 될 수도 있고, 홈쇼핑 사장이 될 수도 있습니다.

방송 콘텐츠의 판매자가 될 수도 있고 구매자가 될 수도
있습니다.

경제 활동도 모두 디지털 세상 안에서 이뤄집니다. 인존
국민은 누구나 디지털 상점을 가집니다. 그곳에서 자신이 만든
생산품을 팝니다. 사는 것도 디지털 상점에서 삽니다. 모든
상거래가 디지털 세상 안에서 이루어집니다. 누구나 경제
주체입니다. 전 국민이 동참하는 디지털 플랫폼이 구축돼야
합니다. 이 과정에서 발생하는 부富와 권리는 원칙적으로
개인에게 귀속됩니다.

디지털 국가는 인존시대에 걸맞은 구조를 가지고 있습니다.
원칙적으로 디지털 세상에서 각 개인은 평등합니다. 아날로그
시대에는 시골에 태어난 것 자체가 큰 불리함으로 작용합니다.
그러나 디지털 세상에서는 거리(distance)가 사라집니다. 어디에
있든지 불이익을 받지 않습니다. 시골에 산다고 불리하지
않습니다.

원칙적으로 신분에 따르는 제약을 받지 않습니다. 빈부의
제약도 없습니다. 다만 원칙적으로 그렇다는 말입니다. 디지털
세상에서도 여러 가지 차이와 차별이 생길 수 있습니다. 오히려
더 큰 정보 격차, 경제 격차가 생길 수도 있습니다. 그러나
적어도 출발점에서는 대등하게 출발할 수 있도록 플랫폼을
짜야 합니다.

── 평화 국가: 형제정책

국가 간 폭력, 즉 전쟁은 인간의 존엄에 정면으로 반하는

행위입니다. 역으로 평화를 지키는 것은 인존 정책의 핵심
과제입니다. 한민족과 한반도는 최근에 발생한 거의 모든
전쟁에 노출됐습니다. 더 이상은 안 됩니다. 이제 한민족은
전쟁의 위험에서 벗어날 권리가 있습니다.

북한과의 평화는 사활적 이해가 걸린 중요 사안입니다.
평화를 유지하고 확대하고 항구적 평화를 확보하고 통일
시대에 대비하는 것은 우리 민족의 가장 중요한 과제입니다.

'형제 정책'을 제안합니다. 남북이 각자 독립성을
유지하면서 상호 발전을 돕는 체제를 당분간 유지하자는
것입니다. 그리고 서로의 발전을 도우면서 신뢰를 쌓고 점차
교류를 확대해가야 합니다.

통일에 대한 비전을 공유하는 것도 매우 중요합니다.
골드만삭스 글로벌 경제 보고서 제188호는 통일 한국을 다루고
있습니다.

본 연구 결과 가장 주목할 만한 부분은 장기적인 관점에서 본
통일 한국의 잠재적 규모이다. 북한의 성장 잠재력이
실현된다면 통일 한국의 GDP가 30년에서 40년 후 프랑스,
독일을 추월하고 일본까지도 앞지를 수도 있을 것으로 우리는
내다보고 있다. 이러한 예측에서 보면 2050년 통일 한국은
미국을 제외한 대부분의 G7 국가와 동등하거나 넘어설
것이다.
북한은 강력한 잠재력이 있다고 우리는 믿고 있으며 일단 의미
있는 경제 개혁이 단행되기만 하면 투자가 유입될 것으로 보고

있다. 우리는 다음과 같은 세 가지 주요인에 집중하고 있다.

1. 풍부하고 경쟁력 있는 노동력
2. 남한의 자본과 기술, 북한의 천연 자연과 노동력 간의
   막대한 시너지 효과 가능성
3. 체제 전환국에서 전형적으로 나타나는 생산성 향상과 통화
   절상으로 인한 커다란 잠재적 이익

북한의 인구는 상대적으로 젊으며 대략 남한보다 2배
증가하고 있다. UN은 남한과 북한의 인구를 합하면 7,600만
명에 도달할 수 있을 것으로 예상하고 있지만 만일 통합이
이루어진다면 북한의 수명이 늘어날 것으로 전망되기 때문에
인구가 더 늘어날 것으로 예측할 수 있다. 통일 한국의 인구는
2030년에 정점에 달해 8,000만 명 가까이 될 가능성이 있다.
남한과 달리 북한은 광물자원이 풍부하다. 마그네사이트, 석탄,
우라늄, 철광석 등의 잠재적 매장량이 많아서 현재 북한의
2008년 GDP의 약 140배에 달하는 가치가 있다. 이 광물들의
보유량은 약 40년이 될 것으로 우리는 추정하고 있다.
대조적으로 남한은 광물자원이 거의 없으며 남한은 에너지
광물 자원의 97%를 수입에 의존하고 있다.

강원도는 2018 평창 동계 올림픽을 개최했고 2024 강원
청소년 동계 올림픽을 유치했습니다. 올림픽의 개최는
개최도시와 IOC 국제 올림픽 위원회의 계약으로 성립됩니다.

강원도는 두 차례의 계약을 통해 두 번의 올림픽을 연이어 개최합니다. 한 지역에서 6년 간격으로 올림픽을 연이어 개최하는 것은 매우 드물고 그만큼 의미 있는 일입니다. 강원도는 두 번의 올림픽을 통해 한반도와 동북아의 평화를 치열하게 추구하고 있습니다.

평창 동계 올림픽은 북한의 참가로 평화 올림픽이 됐습니다. 역대 가장 감동적이고 가장 완벽한 올림픽으로 남았습니다. 강원도는 2024 강원 청소년 동계 올림픽을 유치했습니다. 이 대회는 아시아에서는 처음 열리는 올림픽입니다. 우리에게 다소 생소하지만 하계 올림픽 그리고 동계 올림픽과 함께 IOC가 주최하는 공식 올림픽입니다.

이 올림픽의 명칭이 '강원' 청소년 동계 올림픽입니다. 본래 올림픽의 명칭은 도시의 이름을 따르는 것이 오랜 관례였습니다. 서울 올림픽, 파리 올림픽처럼 말입니다. 도의 이름, 지역의 이름을 올림픽의 명칭으로 정한 것은 처음 있는 일입니다.

강원도는 세계에서 유일하게 분단된 도입니다. 남강원도와 북강원도로 갈라져 있습니다. 북쪽에 강원도지사가 한 분 또 있습니다. IOC와 국제사회, 대한민국 정부는 남강원도와 북강원도가 청소년 동계 올림픽을 공동으로 개최해보라는 뜻으로 올림픽의 명칭을 '강원' 청소년 동계 올림픽으로 정했습니다. 강원도도 이를 적극 추진하고 있습니다. 2024 강원 청소년 동계 올림픽을 평창 올림픽 시즌 2로, 평화 올림픽으로 치러야 합니다.

— 교육 국가: 대학 무상 교육

인존국가에서 교육은 국가의 의무입니다. 가난한 집 학생도
공부를 할 수 있어야 합니다. 그러려면 무상 교육이 이루어져야
합니다. 강원도가 운영하는 강원도립대학은 등록금이 없는
대학입니다.

강원도에서는 2011년 6월에 전국에서 처음으로 '등록금
없는 대학' 만들기에 착수했습니다. 3년간 등록금을 단계적으로
내렸습니다. 2012년에는 20%를 내리고 2013년에 60%를
내렸습니다. 2014년에는 등록금이 0원인 대학을 만들었습니다.
이후에 소득이 많은 학생들은 등록금을 내도록 하여 매년
10~15% 정도의 학생은 등록금을 내고 있습니다. 그 이후 최소
85%의 학생들은 등록금을 내지 않고 있습니다.

그동안 정치권에서 반값 등록금을 비롯해서 많은 공약이
있었지만 실천이 되지 않았습니다. 인존국가의 청년들은
등록금이 없어도 교육을 받을 수 있어야 합니다. 실천이 돼야
합니다. 실천이 중요합니다. 하면 할 수 있습니다.

— 출생 국가: 육아 수당 지급

아기를 가지고 싶은 가정은 아기를 안심하고 낳을 수 있어야
합니다. 그 책임을 지는 것이 인존 정부입니다. 출생률을 높이는
정책은 부모의 양육 부담을 덜어주는 것이 핵심이 돼야 합니다.
젊은 부부들은 아기를 낳지 '않는' 것이 아니라 낳지 '못하는'
것입니다. 아기를 낳으면 가족의 생계가 어려워지기
때문입니다.

프랑스는 1.0의 매우 낮은 출산율에서 2.0까지 반등에
성공한 나라입니다. 프랑스의 출산 정책은 매우 정교하게 짜여
있습니다. 그 핵심은 부부가 아기를 낳으면 양육비를
지원한다는 정책이었습니다. 경우에 따라 다르겠지만 대략
매월 70~75만 원 정도입니다. 21세까지 지원합니다. 아기를
낳는 것이 가족의 생계에 위협이 되지 않도록 하는 것입니다.

프랑스에서는 학비도 무료여서 부모들이 양육에 대한 걱정
없이 아이를 낳을 수 있었습니다. 결혼을 하지 않고 낳은 아기에
대해서도 같은 정책을 적용합니다. 아기를 사회가 키운다는
원칙을 분명히 하고 있었습니다.

강원도는 2019년부터 프랑스의 출산 정책을 공부했습니다.
그리고 그중 일부를 도입했습니다. 엄마들에게 육아 수당 30만
원을 지원하는 정책이었습니다. 아기를 낳은 엄마에게 4년간
매월 30만 원씩 드리는 정책입니다. 2021년에는 40만 원으로
올렸습니다. 찬반 논쟁이 있었지만, 이 정책을 시행한 결과
전국의 출생아가 줄어드는 와중에서 강원도의 출생아 감소율이
줄어드는 결과가 나타났습니다. 좀 더 장기적인 관점을 가지고
지켜보고 있습니다.

지금 우리나라의 출생률은 OECD 최저 수준입니다.
출생률을 높이기 위한 정부 정책이 전혀 작동하지 않고
있습니다. 효과가 없는 정책을 매년 계속 시행해서는 안 됩니다.
새로운 정책으로 전환해야 합니다.

— 주거권 보장 국가

인존국가에서는 국민들에게 주거를 제공하는 것이 국가의
의무에 속합니다. 주택은 삶을 영위하는 장소입니다. 가족들과
가정의 공간입니다. 주택이 불로소득의 수단이 돼서는 안
됩니다. 주택을 통한 불로소득은 사회로 환원돼야 합니다.

　　인존국가는 청년들에게 주거를 제공할 의무를 가지고
있습니다. 이 주거는 청년들이 단지 생존을 위한 공간이 아니라
품위를 유지하는 공간입니다. 공용 공간과 편의 시설이
함께하는 생활공간입니다. 공공 임대 주택은 사회적 패배자들이
입주하는 공간이 아닙니다. 권리로서의 주거 공간입니다.
따라서 공간 배치 등의 현대성이 충분히 배려돼야 합니다. 특히
자부심이 함께 존재하는 공간이어야 합니다. 강원도에서는
청년 아파트 건설을 시작했습니다.

　　우리나라 65세 이상의 어르신들은 빈곤율이 매우 높습니다.
따라서 집이 없는 분들이 많습니다. 강원도에서는 2013년부터
전국 최초로 집 없는 어르신들을 위한 아파트를 지어서
공급하고 있습니다. 효도 아파트라고 이름을 지었습니다. 비용
없이 입주해 사시면서 월 10만 원 정도의 관리비만을 납부하고
있습니다. 2013년 춘천에서 100호로 시작했습니다. 계속해서
요청이 있어, 2016년 원주에 100호를 짓고 2020년부터
태백에도 2023년 공급을 목표로 72호를 짓고 있습니다. 작게
시작했지만 꾸준히 퍼져나가고 있습니다.

2 진보의 길

제 이야기를 하나 고백해볼까 합니다. 저는 저 스스로를
진보주의자로 생각하고 있습니다. 어떤 이념적
규정이라기보다는 우리 사회가 끊임없이 앞으로 나아가야
한다는 생각을 평소에 가지고 있다는 뜻에서 진보적이라고
생각하고 있습니다.

진보란 앞으로 나간다는 뜻입니다. 앞으로 나간다는 뜻은
'길이 없는 곳'으로 간다는 뜻입니다. '없는 길'을 내면서
나간다는 뜻입니다. 길을 발견하면서 간다는 뜻이기도 합니다.
때로는 발명하면서 또는 창조하면서 간다는 뜻이기도 합니다.

늘 두렵습니다. 길 앞에는 낭떠러지도 있을 수 있고
진흙탕도 있을 수 있습니다. 앞으로 나간다는 것은 위험을
무릅쓴다는 것을 의미합니다. 뜻하지 않은 어려움이 있는 것은
당연합니다. 실패도 있을 수 있습니다. 그러나 그럼에도 앞으로
나아가야 하는 것이 진보의 숙명입니다. 그래야 발전이
있습니다. 그래야 문제들을 해결할 수 있습니다. 다니던 길로만
다니면 진보란 없습니다. 모든 창조적인 길은 모르는 길입니다.

우리가 가지고 있는 문제들에 대해서 해법을 찾고 앞으로
나가는 것이 진보의 길입니다. 해법을 찾는다는 것은 '새로운'
해법을 찾는다는 것입니다. 일자리 문제가 해결되지 않으면
새로운 해법을 찾아야 합니다. 저출산 문제에 대해 지금 쓰고
있는 방법이 듣지 않으면 새로운 해법을 찾아야 합니다.

일자리 문제와 저출산 문제는 대한민국의 오래된

숙제입니다. 투입된 정책들이 작동하지 않는데도 해오던 방식을
고집스럽게 반복하는 대표적인 정책들입니다. 엄청난 돈을
쏟아부어도 효과가 없는 정책을 수십 년 반복하고 있는
것입니다. 있을 수 없는 일입니다. 그리고 그 책임은 보수보다는
진보 진영에 있습니다. 왜냐하면 진보가 '진보'이기 때문입니다.
새롭고 창조적인 정책을 내놓는 것이 진보이기 때문입니다.

저 자신 마음속에 새겨봅니다. '진보란 새롭게 창조하는
것이다. 머무르는 것이 아니다. 하던 대로 하는 것이 아니다.'

물론 어려운 일입니다. 그러나 명예혁명, 프랑스 혁명, 미국
혁명을 비롯해서 인류의 삶을 바꾼 모든 정치혁명들, 모든
과학적 발명들은 창조적 시도에서 비롯됐습니다. 분명한
책임의식을 가지고 새로운 사상과 철학을 세우고 또 구체적인
실천 계획을 세워서 앞으로 나아가야 합니다. 그것이 우리가
진보하는 유일한 길입니다.

— 실천의 용기

실천은 더 두렵습니다. 실천하는 것은 새 정책을 창조하는
것보다 훨씬 더 어렵습니다. 처음 해보는 일이기 때문입니다.
실패할 가능성이 있습니다. 오히려 안하느니만 못한 경우도
생길 수 있습니다. 사회의 안정을 해칠 수 있습니다. 책임을 질
가능성도 높습니다. 맹렬한 비판을 받을 가능성은 훨씬 더
높습니다.

우리 사회는 왜 반값 등록금을 실천하지 않습니까? 진보
진영에서는 왜 반값 등록금을 실천하지 않습니까? 여러 가지

이유가 있겠지만 가장 큰 이유는 실천의 용기가 부족하기 때문일 것입니다. 두려움을 이겨내고 새롭게 창조해낸 정책을 실천하는 것도 진보의 몫입니다. 진보가 진보의 이름을 가지려면 새로운 정책을 실천해낼 용기와 능력을 가져야 합니다.

실천이 없으면 진보하지 않습니다. 실천이 진보입니다. 진보 자체라고 말할 수 있습니다. 정치권이 특히 진보 진영이 비판을 받는 이유가 바로 이 지점입니다. 실천을 하지 않는다는 것입니다. 실천의 역량이 부족할 수도 있고 실천 의지가 부족해서 일 수도 있습니다. 말이 앞서는 경우가 많다는 것입니다. 사실 그럴 만한 이유가 있습니다. 실천 역량은 다음의 9가지 역량의 통합된 최고의 역량이기 때문입니다.

1. 현실 세계의 문제를 파악하는 역량
2. 파악한 문제에 대한 해결책을 찾는 역량
3. 해결책을 정책으로 만드는 역량
4. 만들어진 정책을 집행할 실천 계획을 세우는 역량
5. 실천에 들어가는 재정과 인적 자원을 조달하는 역량
6. 시점을 선택하는 역량
7. 장애를 예측하는 역량
8. 장애를 헤치고 나가는 역량
9. 정책의 대상자들과 소통하는 역량

쉬운 일이 아닙니다. 그러나 다른 방법은 없습니다. 최고의

진정성을 가지고 앞으로 나아가는 수밖에 없습니다.

— 무한책임의 용기

진보나 보수라는 말은 상대적 단어입니다. 절대적 진보나
절대적 보수가 있는 것은 아닙니다. 이 사람은 저 사람에 대해서
상대적으로 진보적이라거나 상대적으로 보수적이라는
뜻입니다. 한국에서 진보나 좌파는 오랜 기간 동안 비판적
공격을 받으면서 성장해왔습니다. 저항하면서 성장해왔습니다.
바꿔 말하면 자기 논리로 성장한 것이 아니라 대항 논리로
성장해왔다는 뜻입니다. 보수 진영의 공격으로부터 자신을
방어하고, 그 방어 논리를 국민들에서 설득하면서 점차 정치
영역을 넓혀온 것입니다.

매우 당연한 성장 과정이었고 어느 정도 성공했다고 할 수
있습니다. 진보가 주류의 자리에 올라선 분야가 적지 않습니다.

이 변화된 상황은 진보의 존재 양식에 변화를 요구하고
있습니다. 지금까지의 진보는 대자적對自的 존재였습니다. 즉
다른 존재의 상대 존재로만 존재했다는 것입니다. 보수에 대한
저항 세력으로서 존재했다는 것입니다.

우리나라의 보수는 매우 강력합니다. 우선 한국 전쟁과
분단체제에서 유래한 막강한 이념적 견고성을 가지고
있었습니다. 더불어 조직적 견고성도 가지고 있습니다. 조선
왕조의 절대 왕권에서 시작해서 일본 제국주의 식민 지배, 군사
독재 정권을 거치면서 오랜 기간 내재화된 전체주의,
국가주의적 조직 체계가 최일선 행정 조직에까지 관철돼

있었습니다. 교육 언론을 비롯한 중간 권력들도 견고하게 자리 잡고 있습니다.

따라서 이런 체제에 저항하는 것은 언제나 선이었고 정의였습니다. 선과 정의를 실현하는 데는 위대한 헌신과 희생이 있었습니다. 고귀한 생명을 바친 분들이 많았습니다. 한 분 한 분의 희생에 깊은 위로를 드립니다. 그분들의 헌신과 희생을 통해 진보라는 이름의 정치도 비로소 기성 정치에 자리 잡을 수 있었습니다.

긴 흐름에서 볼 때 진보는 꾸준히 승리해왔습니다. 그리고 부분적이고 간헐적으로 주류의 자리에 올랐습니다. 그 빈도가 점점 잦아지고 그 주기도 빨라졌습니다. 그 흐름의 강도도 강해졌습니다. 그리고 어느 날 우리가 주류가 아닌가 하는 생각이 들었습니다.

진보는 성장과정에서 대자적 존재로서의 자기 정체성을 가지고 있습니다. 보수에 대항하는 존재로서 또 저항하는 약자로서의 정체성입니다. 그런데 문제가 생겼습니다. 보수가 이미 소수이자 약자가 돼 있는 것입니다. 우리가 어떤 존재에 대항하거나 저항하려면 그 존재가 우리 자신보다 크고 강해야 합니다. 자신보다 작고 약한 존재에 대항하거나 저항할 수는 없습니다. 이런 이유로 우리 대한민국의 진보는 혼돈 상황에 있습니다. 지금 정체성의 흔들림 속에 있습니다.

대한민국의 진보는 즉자적^{即自的} 존재로서 존재해야 하는 변신의 시기를 맞이했습니다. 진보의 적은 보수가 아니고 진보 자신 즉, 우리 자신입니다. 즉, 자신의 철학을 가지고 자신의 정책을 가지고 국민들의 삶을 향상시켜야 하는 능력의 시험대 위에 올라선 것입니다. 그 능력에 대한 평가와 판단은 국민들이 합니다. 보수가 하는 것이 아닙니다. 국민들은 보수와 싸움을 잘하는 진보를 원하는 것이 아니고 삶을 진보시켜줄 진보를 원합니다.

대한민국의 진보는 즉자적 존재로서 무한책임의 정신과 자세를 가져야 합니다. 그리고 유능함을 갖춰야 합니다. 국민들의 먹고 사는 문제를 해결해야 합니다. 보수를 비난하는 것으로 국민들이 먹고 사는 문제가 해결되지 않습니다. 무한책임이 당신과 제가 가야 할 길입니다.

— 진보의 주체: 청년들

저는 최근에 이 책을 쓰는 과정에서 방탄소년단의 노래 중에서 인간의 존엄을 노래한 곡이 있다고 해서 그 가사를 본 적이 있습니다. 그리고 깜짝 놀랐습니다. 그 가사가 제가 이 책을 통해 하고 싶었던 얘기를 훨씬 더 아름답게, 더 압축적으로, 더 강하게 표현하고 있기 때문입니다.

> 한 사람에 하나의 역사
> 한 사람에 하나의 별
> 70억 개의 빛으로 빛나는
> 70억 가지의 world
> 70억 가지의 삶
> ─방탄소년단 〈마이크로 코스모스〉 중에서

아! 그랬었구나. 그랬었구나. 우리의 아들딸들이
그랬었구나!

방탄소년단이 부르고 아미들이 함께하는 이 노래에서
그들은 한 사람 한 사람이 '별'이자 '역사'인 세상을 노래하고
있었습니다. 한 사람 한 사람이 그 자체로 'world'인 세상을
노래하고 있었습니다. 70억 개의 빛으로 빛나는 70억 가지의
world를 노래하고 있었습니다.

그들이 꿈꾸는 세상은 너무 아름답습니다. 지구상에
존재하는 한 사람 한 사람이 존귀하게 여겨지는 세상을
어리게만 보이는 그들이 꿈꾸고 있는 것입니다. 그리고
노래하고 있는 것입니다. 전 세계에서 큰 소리로 노래하고 있는
것입니다.

그렇습니다. 그들이 더 성숙해 있는 것입니다. 그들이
어른인 것입니다. 그들이 다 알고 있는 것입니다. 우리가 가야
할 길도 그들이 먼저 노래하고 있는 것입니다. 아름답게 외치고
있는 것입니다.

미안합니다. 너무나 미안합니다. '기성세대가 청년들에게 살
만한 세상을 만들어주지 못했다'고 자백합니다. 기성세대가
미래 세대를 위한 세상을 만드는 데 실패했다고 고백합니다.
우리의 아들딸들에게 살아가기 힘든 세상을 물려준 것에 대해
자책감을 느낍니다. 그 무관심과 게으름과 무능력에 대해
사과합니다.

미안하고 또 미안합니다. 그대들의 잘못이 아닙니다. 이런
현실을 우리 기성세대들이 만들어놓았습니다. 잘못했습니다.

미안하다는 말이 의미 없다는 것도 알고 있습니다. 하루하루가 살아가기 힘들고 미래도 안 보이는 데 미안하다는 말이 무슨 소용이 있겠습니까? 그래도 우선 미안하다는 말로 시작해야 할 것 같습니다. 청년들의 고통을 알고 미안함을 느끼는 것이 첫걸음입니다.

사실 청년들의 어려움은 우리 기성세대에게도 큰 걱정이 아닐 수 없습니다. 대한민국의 미래가 밝지 않다면 기성세대의 미래도 밝지 않기 때문입니다. 최근 수십 년간의 대한민국의 성장은 순전히 '사람'들에 의해 이루어졌습니다. 이때의 '사람'이란 언제나 당대의 청년들입니다. 그들의 수고와 헌신과 희생과 땀과 눈물로 이루어진 것입니다. 그리고 앞으로도 그럴 것입니다. 우리나라 역사의 어느 시대에나 그래왔습니다. 그래서 청년들의 삶이 중요한 것입니다.

우리 사회가 당신들에게 대한민국의 발전을 이끌어나가기 어렵게 하고 있습니다. 청년들이 국가 발전을 이끌어가기는커녕 스스로의 생존을 지키기도 힘든 상황에 있기 때문입니다. 그래서 이대로 계속 갈 수는 없습니다. 청년들은 한민족의 미래이기 때문입니다. 청년들의 좌절은 한민족의 좌절이고 대한민국의 좌절이기 때문입니다.

우리가 청년들의 문제를 영혼 없이 대하고 있는 것은 아닌지 성찰하겠습니다. 그들을 존엄한 존재로 받아들이고 있는지 늘 성찰하겠습니다. 낮은 월급과 비싼 방세, 투잡을 뛰어도 감당하기 힘든 등록금, 끝도 없는 스펙쌓기, 100번이나 이력서와 자기 소개서를 넣어도 되지 않는 취직, 불안정한 직장

생활, 결혼하고 싶은 사람이 있어도 결혼을 망설이게 만드는 높은 집값, 아기를 낳아 기를 수 없는 경제 구조! 있어서는 안 되는 일들입니다.

당신들이 꿈꾸는 세상을 만들어야 합니다. 그러려면 이 구조를 바꿔야 합니다. 염치없지만 함께 바꿔보자는 제안을 감히 해보고자 합니다.

청년 국가를 만들어야 합니다. 많이 늦었지만 지금이라도 최선을 다해서 청년들을 지탱하는 것을 국가의 최대의 목표로 삼아야 합니다. 늦었지만 시작해야 합니다. 온 국력을 모아 해내야 합니다.

방탄소년단이 노래하는 인존국가를 세워야 합니다. 인류 역사에서 새로운 나라를 만드는 일은 늘 청년들이 해왔습니다. 우리는 청년들의 열정에 의지해서 새로운 공화국, 제7공화국을 세워야 합니다.

당신은 귀한 사람

인간이 존엄한 나라를 꿈꾸며

최문순 지음

초판 1쇄 2021년 6월 24일 발행

ISBN 979-11-5706-235-5(03300)

만든 사람들
책임편집 배소라
편집도움 이병렬
디자인   조주희
마케팅   김성현 최재희 김규리
인쇄   한영문화사

펴낸이   김현종
펴낸곳   (주)메디치미디어
경영지원 전선정 김유라
등록일   2008년 8월 20일
          제300-2008-76호
주소   서울시 종로구 사직로 9길 22 2층
전화   02-735-3308
팩스   02-735-3309
이메일   medici@medicimedia.co.kr
페이스북 facebook.com/medicimedia
인스타그램 @medicimedia
홈페이지 www.medicimedia.co.kr